*Helmut Barié*
Predigt braucht Konfirmanden





CAV 1836

Helmut Barié

# Predigt braucht Konfirmanden

## Wege zu einer einheitlichen Verkündigung an Jugendliche und Erwachsene

Calwer Verlag Stuttgart

CIP-Titelaufnahme der Deutschen Bibliothek

*Barié, Helmut:*
Predigt braucht Konfirmanden: Wege zu e. einheitl.
Verkündigung an Jugendliche u. Erwachsene / Helmut Barié. –
Stuttgart: Calwer Verl., 1988
ISBN 3-7668-0867-2

ISBN 3-7668-0867-2


Umschlag: Otfried Kegel
Satz: Dörlemann-Satz, Lemförde
Druck: Kohlhammer & Wallishauser, Hechingen
Verarbeitung: Verlagsbuchbinderei W. Weber, Plüderhausen

# Inhalt

# Mein Weg zum Thema

*»Sogar ›ein bißchen Predigt‹
fanden sie sinnvoll –
so großzügig können Konfirmanden sein!«*[1]

Die Anregung zum Thema verdanke ich Frank, einem durchschnittlich begabten Hauptschüler, der unter schwierigen familiären Bedingungen aufwuchs und vor seiner Konfirmandenzeit nie im Gottesdienst gewesen war. Im Konfirmandenunterricht beim Gespräch über die »Gemeinschaft der Heiligen« erinnerte er an eine Predigt: »Darin wurde von einem Mann erzählt. Bevor er etwas Wichtiges tat, fragte er immer: ›Was würde Jesus dazu sagen?‹ So stelle ich mir einen Heiligen vor.« – Franks Äußerung ließ mich staunen. In einer Predigt, die drei Wochen zurücklag, war von einer Studentenfreizeit mit Martin Niemöller erzählt und dabei dessen Praxis erwähnt worden, vor ethischen Entscheidungen zu fragen: »Was würde Jesus dazu sagen?« Hatte Frank tatsächlich den Schluß der Predigt behalten und so verstanden, daß er jetzt in der Lage war, einen Predigtgedanken sinnvoll auf eine andere Fragestellung zu übertragen?

Mein Interesse an den Konfirmanden als Predigthörern war geweckt. Ich fing an, nach Möglichkeiten zu suchen, um Konfirmanden an Predigten zu beteiligen. Bereitwillig übernahmen sie es, das Predigtmanuskript ein oder zwei Tage vor dem Gottesdienst zu lesen und sich dazu Rückfragen aufzuschreiben. Im Gottesdienst trugen sie dann im Anschluß an die Predigt vor der versammelten Gemeinde ihre Fragen vor und forderten mich zu einer Stellungnahme auf. Im Verlauf der sechs Jahre, in denen ich Gemeindepfarrer in einer Neubausiedlung war, kam mein Vorurteil, Konfirmanden hätten mit Predigten grundsätzlich »nichts im Sinn«, ins Wanken und kapitulierte schließlich vor der hoffnungsvollen Realität.

Einige Jahre danach hörte ich die Predigt eines Lehrvikars, für dessen homiletische Ausbildung ich als Studienleiter zuständig war. Da er mich angesprochen und durch seine Wortspiele erfreut hatte, versuchte ich zu Hause meiner Familie den Inhalt dieser Predigt wiederzugeben. Es stellte sich heraus, daß mir das kaum möglich war. Bei der nachfolgenden homiletischen Besprechung bat ich den Autor: »Betrachten Sie Ihre eigene Predigt jetzt einmal aus der Perspektive eines Konfirmanden aus Ihrer Ausbildungsgemeinde! Was fällt Ihnen dabei auf?« Diese Frage öffnete dem Lehrvikar die Augen für die Kompliziertheit und Kompaktheit seiner Sprache.

Bei meinem Vorhaben, Predigten auf ihre Konfirmandengemäßheit hin zu betrachten, wußte ich mich bestätigt durch W. Trillhaas[2]: »Konfirmanden reagieren selbst auf dem Lande bereits ziemlich sicher auf Predigten, indem sie kommen oder nicht, aufpassen oder Allotria treiben. Wenn aber Kinder leer ausgehen, ist mit einiger Sicherheit zu vermuten, daß auch für die Erwachsenen in der Predigt nicht viel zu holen ist. Und wenn die Kinder leer ausgehen, könnte eines Tages die Kirche leer ausgehen.«

Fortan versuchte ich, Predigten auch mit den Augen von Konfirmanden zu lesen und mit deren Ohren zu hören. Wohl kannte ich die Diagnose O. Webers[3] aus dem Jahr 1964, wonach es der evangelischen Predigt an »Menschentreue« fehle, aber ich war nicht darauf gefaßt, daß der Konfirmand, wie überhaupt der jugendliche Hörer, sowohl in der gehaltenen Predigt als auch in der literarisch dokumentierten »Musterpredigt« auf so breiter Front übersehen und übergangen werden könnte, wie es mir bei genauerer Untersuchung von Predigten und homiletischer Fachliteratur[4] deutlich wurde.

Als Referent bei einer Fortbildungskonferenz für Lehrpfarrer der Evang. Landeskirche in Baden sowie aus Arbeiten von Examenskandidaten im Schwerpunktfach Homiletik empfing ich zahlreiche Impulse, Praxisberichte und kritische Resonanz. Das Problem der Konfirmandengemäßheit der Predigt wurde mir zum Integral für verschiedene traditionelle und neue Themen der Homiletik.

*Helmut Barié*

# I Die Konfirmanden als Herausforderung für den Prediger

**Angeblich sind Konfirmanden am Gottesdienst und an der Predigt nicht interessiert. Dienstverpflichtet bilden sie in manchen Gemeinden einen beachtlichen Teil der Predigthörer. Sie gewinnen von Gottesdienst und Predigt bleibende Eindrücke. Außerdem repräsentieren sie eine Vielfalt von Einstellungen und sozialen Schichten in der Volkskirche. Schließlich gibt es eine spezifische »Not der Jugendlichen«. Dies alles macht die Konfirmanden zur Herausforderung für den Prediger.**

## *Desinteresse an Gottesdienst und Predigt?*

»Seit April sitzen sie wieder, dicht gedrängt und bunt gemischt, auf den vorderen Bänken der Thomaskirche. Fast jeden Sonntag sind sie vollzählig zum Gottesdienst versammelt; denn der Pfarrer verlangt noch, daß seine Konfirmanden den Gottesdienst mitfeiern. Erlebt man die dreißig Mädchen und Jungen beim Konfirmandenunterricht, fragt man sich angesichts von etwa 90% der Konfirmanden: heißt es nicht Perlen vor die Säue werfen, wenn man diese Bande zum Gottesdienst einlädt? Desinteresse, Lärm und Langeweile sind die vorherrschenden Eindrücke, die ein Beobachter von einer Konfirmandenstunde mitnimmt. Desinteresse und Langeweile sprechen auch aus den Gesichtern der jungen Gottesdienstbesucher, wenn sie ihre sonntägliche Pflichtübung absolvieren.«[1]

So hat ein Beobachter in einer großstädtischen Gemeinde seine Eindrücke beschrieben. Wie erleben diese Jugendlichen einen Gottesdienst und speziell eine Predigt? Auf die Frage, was der herkömmliche Gottesdienst für die Konfirmanden bedeutet, erhielt H. Frisch[2] u.a. folgende Antworten:

»Es kommen keine interessanten Themen vor«, er ist »zu langweilig, zu gedehnt«, »es wird zu lang herumgeredet« in der Predigt über biblische Texte, »die man nicht versteht«.

Darin herrscht unter Kennern der Situation weitgehend Einigkeit: Konfirmanden erleben den Gottesdienst mitsamt der Predigt als »fremd« und »langweilig«.[3]

H. Siegel[4] urteilt: »Die Predigt geht meistens über ihre Köpfe hinweg. Die Sprache des Predigers, seine Fragen, die Probleme, die er aufwirft, seine Welt ist ihnen fremd.«
Eine Pfarrvikarin schrieb: »Während die meisten Gottesdienstbesucher gewillt sind, sich auf das Hören der Predigt einzulassen, gilt es, die Konfirmanden zum Hören zu motivieren. Die grundsätzliche Bereitschaft, einer Predigt zuzuhören, ist bei Konfirmanden in der Regel nicht vorhanden.«[5]

## *Ihr großer Anteil an der Gesamtzahl der Predigthörer*

Welche Konsequenzen sind aus dieser Diagnose zu ziehen? Ist das Bemühen, Konfirmanden in den normalen Sonntagsgottesdienst zu integrieren, von vornherein aussichtslos? Also: »Laß fahren dahin, sie habens kein Gewinn«? Wäre diese Frage zu bejahen, könnten wir uns gleich die ganze Mühe um die Konfirmanden sparen! Es bleibt ein unverzichtbares Ziel der Konfirmandenarbeit, den jungen Menschen zu helfen, »aktive Glieder der das Wort Gottes hörenden und ihn anrufenden Gemeinde zu werden«[6]. Dann dürften die Konfirmanden als Teilnehmer des Gottesdienstes und Hörer der Predigt auch nicht einfach übergangen werden unter der stillschweigenden Voraussetzung, sie hätten sich den Erwartungen erwachsener Kirchgänger zu fügen. Wenn es auch noch nicht überall soweit ist wie 1972 in Altenbauna, wo – wie die Pfarrer berichten – der Gottesdienstbesuch der Erwachsenen »ungewöhnlich gering ist und wir sehr oft im Gottesdienst vor 60 Konfirmanden und 20 Erwachsenen standen«[7], so bilden doch gerade in den Gemeinden, in denen die Gottesdienstteilnahme verpflichtender Teil der Konfirmandenzeit ist, die Konfirmanden einen erheblichen Prozentsatz der Kirchgänger.[8]
Daß sich die Predigt an ihre Hörer zu wenden habe, ist in der Homiletik anerkannt. Ob ich nun nach K. Barth[9] den Text »Menschen der Gegenwart als gerade sie angehend« erkläre oder nach E. Lange[10] »mit dem Hörer über sein Leben rede«, und zwar »im Licht der Christusverheißung, wie sie in der Heiligen Schrift bezeugt ist« – so oder so wird der Konfirmand als unübersehbarer – oft auch unüberhörbarer! – Hörer notwendig zur Herausforderung für den Prediger.

## *Sie empfangen bleibende Eindrücke von Gottesdienst und Predigt*

Trotz der sich über einen längeren Zeitraum erstreckenden »Einübung« in den Gottesdienst geht den Konfirmanden das »sonntägliche Sitzen unter der Kanzel« nicht »so in Fleisch und Blut über«, daß sie »später dabei bleiben«.[11]

Das ist ein von Pfarrern, Kirchenältesten und Gemeindemitgliedern viel beklagtes Phänomen. Es hängt aber mehr von soziologischen Faktoren ab als von der Art und Qualität der Predigten, in welchem Umfang die konfirmierten Jugendlichen zum Gottesdienst kommen; das ist längst erkannt.[12] Der Kirchgang bedarf, bei Jugendlichen vielleicht noch stärker als bei Erwachsenen, der sozialen Abstützung.[13]
Es mag sein, daß die Faktoren, die den Kirchgang konfirmierter Jugendlicher hemmen, so stark sind, daß dagegen mit einer anderen Art der Gottesdienste[14] und einer qualitativen Veränderung der Predigten[15] nicht mit meßbarem Effekt anzukommen ist. Unbestreitbar bleibt dennoch, daß die Mehrheit der evangelischen Bevölkerung im deutschsprachigen Raum ihre Eindrücke von dem, was Gottesdienst und Predigt sei, vor allem in der eigenen Konfirmandenzeit empfängt. Werden sich die hier gewonnenen Eindrücke später nicht doch zu Einstellungen verfestigen? Es ist damit zu rechnen, daß bei der im Erwachsenenalter praktizierten Haltung zu Gottesdienst und Predigt Erlebnisse aus der Konfirmandenzeit nachwirken.[16] Die von Konfirmanden gehörte Predigt hat auch insofern eine Langzeitwirkung. Darin liegt die größte Herausforderung für den Prediger.

## *Sie repräsentieren eine Vielfalt von Einstellungen und sozialen Schichten in der Volkskirche*

Auf keinem kirchlichen Handlungsfeld kann der Pfarrer so intensiv der ganzen Bandbreite der Volkskirche begegnen wie im Bereich des schulischen Religions- und gemeindlichen Konfirmandenunterrichts. Ein Konfirmandenjahrgang repräsentiert weitgehend die sozialen Schichten einer Gemeinde (allerdings nicht – und darauf sei ausdrücklich hingewiesen – die zunehmende Schicht der Kirchenmitglieder, die auf Ehe und Kinder verzichten, und natürlich nicht die alten Menschen). In den einzelnen Konfirmanden ist der Status der Eltern oder des alleinerziehenden Elternteils präsent: die finanzielle Lage, die Wohnsituation, das soziale Prestige, das kulturelle Niveau usw. Da die Jugendlichen in diesem Alter noch überwiegend die im Elternhaus übliche Wertorientierung, auch die Einstellung zu Glaubensfragen, vertreten, wird der Konfirmandenunterricht zum Ort der Begegnung mit einer Fülle von Ansichten und Haltungen, die mit dem, was Soziologen das kirchliche Wertsystem nennen, kaum kongruent sind.
Hier werden auch diejenigen Meinungen und Überzeugungen zur Sprache gebracht und können also vom Pfarrer erfahren werden, die ihm sonst kaum zu Ohren kommen, weil der überwiegende Teil seiner Bezugspersonen und Gesprächspartner kirchlich interessiert ist.[17]

Die Konfirmanden aus den »unkirchlichen Elternhäusern« können dem Prediger bewußt machen, an wen sich die Verkündigung eigentlich richtet, nämlich nicht an »die Kirche«, sondern an die Welt! »Kirche ist in der Tat ganz und gar in der Welt, und zwar nicht in dem Sinn, daß sie als Gestalt der Verkündigung in die Welt hineingestellt ist, sondern auch in dem, daß sie an der Welt teilhat und in sie verstrickt ist ... Auch die besten Gemeindeglieder und die innerlichsten sprechen wir dann am wirksamsten an, wenn wir sie als umfassend verflochten in die gesamte gegenwärtige Wirklichkeit sehen ... In diesem Sinn sind bei jeder Predigt alle Kirchenfenster offen.«[18]
Predigt, die sich nur am vorfindlichen Hörer und nicht an den Adressaten des Evangeliums orientiert, verkümmert zu hörerhöriger und beschränkter Predigt. Ein Prediger mit einem durch seine faktischen Hörer, insbesondere die treuen Kirchgänger, beschränkten Horizont dient auch seinen treuen Hörern nicht. Außerhalb des Kirchenraumes hat es jeder Kirchgänger immer wieder, oft in seiner eigenen Familie, mit Menschen zu tun, die es nicht für wesentlich halten, »aktive Glieder der das Wort Gottes hörenden und Gott anrufenden Gemeinde« zu sein. Die gottesdienstliche Gemeindeversammlung dient zwar nicht nur, aber auch der Vorbereitung der Gemeindeglieder auf diese Begegnung, auf ihren »Zeugendienst im Alltag der Welt«. Diejenigen unter den Konfirmanden, die nicht aus eigenem Antrieb beim Gottesdienst dabei sind, vergegenwärtigen dem Prediger die Situation der Verkündigung: Predigt darf keine Rede für Insider sein, die bereitwillig hören, sondern richtet sich als Verkündigung des Evangeliums grundsätzlich an jedermann.[19]

## *Die »Not der Jugendlichen«*

Wer sich als Prediger entschlossen hat, die Konfirmanden als Predigthörer nicht zu übersehen, wird bald inne, wie fremd ihm die Situation der Konfirmanden ist und wie weit er davon entfernt ist, daran zu »partizipieren«. R. Bohren[20] hat vom Hörer als dem »zweiten Text« neben dem biblischen Text geredet und hinzugefügt: Es wäre ein Irrtum zu meinen, der Hörer stünde als Zeitgenosse dem Prediger grundsätzlich näher als der Text. Der hörende Konfirmand, sozusagen ein Abschnitt innerhalb des zweiten Textes, den der Hörer (neben dem ersten Text aus der Bibel) darstellt, steht der Situation des erwachsenen und zudem meist verbeamteten Predigers keineswegs nahe.
Ich greife auf die trefflichen Beschreibungen von K. Meyer zu Uptrup[21] zurück: »Die Situation unserer Konfirmanden ist bestimmt durch die Reifungskrise der Pubertät. Ihr Sinn ist, daß das Kind sich aus den Bindungen an die Eltern löst und zu einer eigenständigen Person sich entwickelt, die sich eine eigene familiäre und berufliche Welt aufbauen kann.« »Die Konfirman-

den erleben eine Krise im Verhältnis zu sich selbst und zu ihren Mitmenschen. Sie erleben, daß sie einsam sind bis zur Verlassenheit. Sie erkennen in diesen Jahren, daß sie mehr und mehr nur unter Bedingungen anerkannt und angenommen werden. Sie erfahren, daß sie mehr und mehr selbst und allein für ihre Handlungen und für ihr Versagen verantwortlich gemacht werden. Die Not ist, daß es für sie immer weniger Anhaltspunkte dafür gibt, daß sie vor allen Bedingungen angenommen sind. Sie erleben, daß sie ... mehr und mehr für sich selbst sprechen und entscheiden müssen. Die Not ist, daß sie immer weniger erfahren können, wie für sie gesprochen und eingetreten wird. Die Konfirmanden erleben eine Krise in ihrem Verhältnis zu Gott. Sie fangen an, den Glauben der Erwachsenen, der auch ihr Glaube wurde, als Kleinglauben, Unglauben und Scheinglauben zu durchschauen. Sie erfahren die Verzweiflung und den Zynismus ihrer Umgebung. Die Not ist, daß die Erfahrungen ihres eigenen Glaubens gegen diese Erfahrungen nicht mehr aufkommen ...
Sie erfahren, daß ihr eigener Glaube bedroht ist; daß sie in Situationen geführt werden, in denen diesem Glauben alles widerspricht; daß Gebete ungehört zu bleiben scheinen und Hoffnungen enttäuscht werden. Die Not ist, daß sie in einer scheinbar unangefochtenen Umwelt keine Hilfe bekommen.«
Junge Menschen, die erkennen müssen, daß sie nur unter Bedingungen anerkannt und angenommen und daß sie für ihr Versagen verantwortlich gemacht werden, die erfahren, daß ihr eigener Glaube bedroht ist – wenn das keine Situation ist, die die Predigt herausfordert!? »Predigt vom Hörer herausgefordert« – wozu? Etwa zur Predigt des Gesetzes? Die Beobachtung, daß unseren Jugendlichen die biblischen Normen, selbst die der zehn Gebote, weithin fremd sind, könnte vorschnell in diese Richtung weisen. Aber die Realität einer einleuchtenden Forderung, mit der sie jedoch notorisch überfordert sind, also die Realität des Gesetzes, haben Jugendliche meist schon entdeckt oder zu entdecken begonnen.[22] In K. Meyer zu Uptrups Beschreibung deutet kaum etwas darauf hin, daß bei Konfirmanden vor allem und zuerst durch die Predigt des Gesetzes die Selbstüberschätzung, Überheblichkeit und Selbstgerechtigkeit zu bekämpfen seien.[23]
Wer für Konfirmanden predigen, also auch im Blick auf ihre Situation die biblischen Texte zu sich reden lassen will, der wird wohl Gesetz und Evangelium unterscheiden, aber sich und seine Hörer vor allem mit dem tragenden Cantus firmus, dem großen Ja Gottes zum Menschen, der »Stimme der Ermutigung«[24] trösten. Er wird in den Worten des Ps 25 für die Konfirmanden und für sich die Möglichkeit eröffnet finden, unter Berufung auf das »denn ich bin einsam und elend« (V 16) die Zuwendung Gottes zu erbitten, der keinen zu Schanden werden läßt, der sich ihm anvertraut, und auch den nicht fallen läßt, der die in ihn gesetzten Erwartungen enttäuscht hat. Die harte Realität des »Vater und Mutter verlassen mich« (vgl. Ps 27,10) braucht nicht beschönigt zu werden, sondern in diese Realität hinein kann die Zusage »ich

bin bei euch«, die im biblischen Namen Gottes liegt, laut werden mitsamt der bestätigenden Antwort derer, die lange vor uns die ermutigende Kraft dieser Verheißung erlebt haben und daher bekennen: »aber der Herr nimmt mich auf« (Ps 27,10). Den ersten und oft ansteckenden Erfahrungen, die Jugendliche mit dem Kleinglauben und Unglauben der Erwachsenen machen, wird nicht mit einer Verteidigung der Erwachsenen recht begegnet, sondern mit der Verkündigung Jesu, der sich auch der Not des von seinem Unglauben bedrängten Glaubenden erbarmt (Mk 9,24 ff) und den Hilferuf des kleingläubigen Zweiflers erhört (Mt 14,30).

# II Der Konfirmand als Kriterium? – Theologische Begründung einer konfirmandengemäßen Predigt

## *»Vorläufer« der Konfirmanden? Eine biblische Meditation über die Kinder, denen nur Milch bekömmlich ist, und über die »Uneingeweihten«*

**Konfirmanden befinden sich auf dem Weg zur vollen Zugehörigkeit zur Gemeinde. Sie sind nicht wie »Kinder, denen zwar Milch, aber keine feste Speise bekömmlich ist« (1 Kor 3,1 ff). Vielmehr sind sie mit den »Uneingeweihten« aus 1 Kor 14 zu vergleichen.**

Wie auch immer man den Status der Konfirmanden definieren mag, sie sind in jedem Fall auf dem Weg zur vollen Zugehörigkeit zur Gemeinde. Die äußere Lage der Konfirmanden eines Jahrgangs ist in hohem Maße ähnlich; ihre innere Situation, insbesondere ihre geistliche Reife, ist jedoch denkbar verschieden. Die Frage, wie die Gemeinde in der Gestaltung ihrer Verkündigung denen zu begegnen habe, die zwar da sind, aber noch nicht voll dazugehören, hat die Christen von Anfang an beschäftigt. Es scheint – mit allem Vorbehalt sei es gesagt – so etwas wie »Vorläufer« der Konfirmanden schon im Neuen Testament zu geben.

Im 1. Korintherbrief werden Fragen behandelt, die teils mittelbar, teils unmittelbar mit unserer Frage nach der Bedeutung der Konfirmanden für das Predigen zu tun haben. Die im Neuen Testament gefundenen Antworten sind für unser heutiges Nachdenken anregend, erhellend und verbindlich.

Das jugendliche Alter der Konfirmanden könnte dazu verleiten, sie kurzschlüssig mit den (unmündigen) »Kindern« aus 1 Kor 3,1 ff gleichzusetzen, denen nur Milch gegeben werden kann, aber noch keine »feste Speise«, weil sie diese noch nicht vertragen. Der Zusammenhang lehrt jedoch eindeutig, daß das Erwachsensein, das Paulus den korinthischen Christen hier abspricht, nichts mit dem Lebensalter, sondern etwas mit dem Lebenswandel zu tun hat. »Kinder«, zu denen Paulus noch nicht »wie zu geistlichen Menschen« reden konnte, waren die Korinther, weil sich bei ihnen Neid und Eifersucht in kirchenparteilichem Streit austobten.

In 1 Kor 11,2–14,40 nimmt Paulus zu Fragen des Gottesdienstes Stellung.[1] Bei der Thematik der Zungenrede und Prophetie wird zweimal (14,16.23)

der als »Uneingeweihter« in der gottesdienstlichen Versammlung anwesende Zuhörer als Kriterium der Verständlichkeit bzw. Erbaulichkeit des Redens genannt.[2] Paulus wertet die verständliche Prophetie höher als die ohne Übersetzung unverständliche Glossolalie, »weil die Verständlichkeit der Rede die Bedingung des Aufbaus der Gemeinde nach innen und außen ist«[3]. »Wer in Zungen redet, der erbaut sich selbst; wer aber prophetisch redet, der baut die Gemeinde auf« (1 Kor 14,4). Das Amen der Gemeinde zum Gebet eines einzelnen kann nur gesprochen werden, wenn das Gebet verstanden ist. »Wenn du Gott im Geiste lobst, wie soll der uneingeweihte Zuhörer auf dein Dankgebet das Amen sprechen, da er doch nicht weiß, was du sagst?« (1 Kor 14,16). Das von Paulus verwendete Wort *idiotes* »ist ein formaler Begriff: der Nicht-Sachverständige«[4]. Der Uneingeweihte »ist entweder der nicht von der Ekstase ergriffene Zuhörer (Lietzmann) oder der nichtchristliche Teilnehmer oder Katechumene (Weiß, Bauer)«[5].
Der Katechumene wäre einem Konfirmanden, abgesehen vom Lebensalter, vergleichbar. Bei ihm wird von Paulus noch nicht viel vorausgesetzt. In V 23f werden die Uneingeweihten sogar mit den »Ungläubigen« gleichgestellt. »Der idiotes ist hier, anders als in V 16, ein völliger Neuling, der die Erscheinung des Zungenredens noch nicht kennt. Zwischen idiotes und apistos wird kein Bedeutungsunterschied sichtbar.«[6] Die verständliche Prophetie wirkt anders als die Glossolalie auch auf die Ungläubigen. »Wenn sie aber alle prophetisch redeten und es käme ein Ungläubiger oder Uneingeweihter hinein, würde er von allen zur Rechenschaft gezogen und von allen überführt; was in seinem Herzen verborgen ist, würde aufgedeckt, und so würde er sich niederwerfen, Gott anbeten und bekennen, daß Gott wahrhaftig in eurer Mitte ist« (1 Kor 14,24f).
Paulus versteht Predigt als Enthüllung der Wahrheit über den Menschen. Können wir das Kriterium, das Paulus den Korinthern gegenüber geltend machte, auch für unsere Gottesdienste gelten lassen? Maßstab für das Predigtwort wäre dann die Verständlichkeit auch für den, der keine Voraussetzungen an Wissen oder an Vertrautheit mit den gottesdienstlichen Formen mitbringt (*idiotes*) und nicht zu den Gläubigen zählt (*apistos*). Verständlichkeit ist aber kein Wert an sich, sondern steht im Dienst des Gemeindeaufbaus. Predigt zielt darauf, »durch offene Verkündigung der Wahrheit« sich »den Gewissen der Menschen vor Gott« zu empfehlen (vgl. 2 Kor 4,26), damit die Predigthörer die in ihren Herzen verborgene Not aussprechen, an ihrer schwankenden Selbsteinschätzung nicht verzweifeln, dem Selbstbetrug den Abschied geben und sich für ihr Tun und Unterlassen in letzter Instanz nicht vor Menschen verantworten, sondern sich Gott anvertrauen, der in Jesus Christus für alle eingetreten ist. Von der korinthischen Gemeinde ist die gewisse Hoffnung zu lernen, daß ein »Ungläubiger« in der Versammlung einer christlichen Gemeinde als Gast selbstverständlich willkommen ist, wobei er lediglich riskiert, daß das Hören der Botschaft für ihn nicht ohne Folgen bleibt.

## *Setzt Predigt bei den Hörern Glauben voraus?*

**Gottesdienstliche Predigt setzt den Glauben der Hörer nicht voraus. Sie ergeht in der Erwartung, daß sich der Heilige Geist der Predigt bedienen will, um durch dieses Instrument Glauben zu wirken. Daher sind die am Gottesdienst teilnehmenden Konfirmanden ein Hinweis auf die normale Situation gottesdienstlicher Predigt. Die Gemeinde ist verpflichtet, die Herausforderung anzunehmen, die mit der Anwesenheit der Konfirmanden gegeben ist.**

Zu den in der Geschichte der Homiletik seit Schleiermacher viel behandelten Themen gehört die Unterscheidung von gottesdienstlicher (»kultischer«) und missionarischer Predigt. Es geht dabei u. a. um die Fragen, was der Prediger bei der Gemeinde voraussetzen müsse oder dürfe an Glauben, an Erkenntnis, an »Geistlichkeit«, sodann, inwieweit er damit zu rechnen habe, daß neben »Bekehrten« auch viele »Unbekehrte« oder gar solche, »die kaum noch ein inneres Verhältnis zu Christentum und Kirche haben«[7], unter seinen Hörern sich finden und ob die »Predigthörer, die unsere Predigten besuchen«, das, »was das Neue Testament unter Gemeinde versteht«, »nicht mehr oder noch nicht« seien.[8]

Je mehr die Predigt an der Aufgabe, das Kerygma öffentlich an die nichtchristliche Welt zu proklamieren, teilhat, desto selbstverständlicher müßte es sein, auch die Herausforderung durch die Konfirmanden anzunehmen. Je mehr der Predigt aber die Funktion der Kultrede zugeschrieben wird, desto eher ist damit zu rechnen, daß die Konfirmanden als Predigthörer praktisch nur wie ein Marginalproblem behandelt werden. Die Confessio Augustana weist uns in dieser Frage einen Weg, welcher vom reformatorischen Ansatz her der sonntäglichen Situation an vielen Predigtstellen heute weit besser gerecht wird als die neuprotestantische Predigtdefinition. In CA V werden Predigt und Sakrament als »Instrumente« (»tamquam per instrumenta«) beschrieben, durch die der Heilige Geist gegeben wird (»donatus spiritus sanctus«), der den Glauben bewirkt (»qui fidem efficit«) in denen, die das Evangelium hören (»qui audiunt evangelium«). Damit wird der Prediger verpflichtet, Evangelium zu Gehör zu bringen, weil Gott, »wo und wann es ihm gefällt« (»ubi et quando visum est deo«), in denen, die das Evangelium hören – also nicht einfach »Predigt« hören! –, den Glauben bewirkt. Das Evangelium wird sogleich inhaltlich näher beschrieben: »Daß wir durch Christi Verdienst, nicht durch unser Verdienst einen gnädigen Gott haben, so wir solches glauben« (»quod Deus non propter nostra merita, sed propter Christum justificet hos, qui credunt, se propter Christum in gratiam recipi«). »Das Evangelium ist also nichts anderes als die Botschaft der Rechtfertigung. In der Verkündigung der Kirche kann und soll es zentral nur um den Hinweis auf das Heil gehen, das lediglich auf den Gottessohn zurückgeht ...«[9] Predigt setzt also Glauben

nicht voraus, sondern ergeht in der Hoffnung, daß das gehörte Evangelium sich selbst den Glauben schaffe.
Der Konfirmand als Kriterium der Predigt bewahrt vor einem unevangelischen Reden, das den Hörern zu viel zumutet, indem es entweder das Verstehen der Predigt zu großen Teilen dem Hörer als Verstehens-*Leistung* abverlangt oder den Glauben, den sich das Evangelium selber schaffen will, insgeheim als »Gläubigkeit« auf seiten der Hörer voraussetzt.[10] Zu predigen ist in der Erwartung, daß der Heilige Geist sich der Predigt als eines Instruments bedienen will, durch das er bei Konfirmanden nicht weniger als bei Erwachsenen Glauben bewirkt. Dafür, daß sich das ereignet, ist kein Prediger verantwortlich, wohl aber dafür, daß das Evangelium gehört werden kann.
Die am Gottesdienst mehr oder weniger ungezwungen teilnehmenden Konfirmanden sind für den Prediger ein unübersehbarer Hinweis darauf, daß es die normale Situation gottesdienstlicher Predigt ist, auch vor »Uneingeweihten« und »Ungläubigen« und auch für sie laut zu werden. So sagt das auch Luther in seiner Vorrede zur Deutschen Messe.
Weil die häufig daraus zitierte Zweckbestimmung des Gottesdienstes als »einer öffentlichen Reizung zum Glauben« schon zu einer geläufigen Formel geworden ist, lohnt es sich, den Kontext heranzuziehen. Die Deutsche Messe soll öffentlich in den Kirchen vor allem Volk gehalten werden, »darunter viel sind, die noch nicht gleuben odder Christen sind, sondern das mehrer teyl da steht und gaffet, das sie auch etwas newes sehen, gerade als wenn wyr mitten unter den turcken odder heyden auff eym freyen platz odder felde Gottis dienst hielten, denn hie ist noch keyne geordnete und gewisse versamlunge, darynnen man kunde nach dem Euangelio die Christen regiern. Sondern ist eyne offentliche reytzung zum glauben und zum Christenthum« (WA 19,75).
Indem eine Gemeinde Konfirmanden zum Gottesdienst einlädt, verpflichtet sie sich zugleich, die damit für den Prediger gegebene vielfältige Herausforderung anzunehmen, ihn bei der Antwort auf diese Herausforderung zu unterstützen und das, was er dabei wagen wird, zu tolerieren.

# III Biblische Predigt als konfirmandengemäße Predigt

## *Der Überschuß der Bibel gegenüber unseren Erfahrungen*

**Die biblische Botschaft geht mit unserer allgemeinen Erfahrung nicht konform. Sie relativiert auch die Unterschiede zwischen Alten und Jungen, Glaubenden und Zweifelnden. Daher dürfen wir auch in der Predigt vor und für Konfirmanden die Bibel nicht auf das Maß unserer Erfahrungen zurechtstutzen.**

Bevor vom Vorsprung der Erfahrung Erwachsener gegenüber dem Erlebnishorizont der Konfirmanden die Rede sein soll, ist an den Überschuß der Bibel gegenüber unserer Erfahrung überhaupt zu erinnern. Der Überschuß der Heiligen Schrift relativiert die Unterschiede zwischen Alten und Jungen, Glaubenden und Zweiflern, Interessierten und Gleichgültigen, also auch zwischen den Konfirmanden und den übrigen Gemeindemitgliedern. »Was vielen von uns die Bibel heute fernrückt, ist nicht ihre Armut, sondern ihr Reichtum an Erfahrung. Da werden Horizonte aufgerissen, die nicht in unseren Perspektiven aufgehen. Da werden unerwartet und überraschend Aussichten und Ausblicke eröffnet. Gerade darum steht die Bibel unseren Erfahrungen näher, als wir gelten lassen wollen. Sie bietet uns nicht einfach Antworten auf die Fragen, die unsere Erlebnisse stellen. Die Bibel bringt uns in das Fragen hinein, das die lebenentscheidenden Erfahrungen erwarten und machen läßt.« Was K. Engelhardt[1] im Blick auf den Religionsunterricht gesagt hat, gilt mit gleicher Begründung ebenso für den Konfirmandenunterricht und die Predigt für Konfirmanden. »Es sollte aber die Aufgabe des Religionsunterrichtes sein, dafür Hilfe zu bieten, daß die Schüler nicht an ihre oft schon sattsam bekannten Erlebnisse und an ihre nur egozentrischen Interessen ausgeliefert bleiben. Wo ist für sie Neues, Überraschendes, das staunen läßt, zu erfahren?« (80). Als Antwort auf diese Frage verweist K. Engelhardt auf die »Erfahrungsdichte« der Bibel. Wir dürfen auch in der Predigt vor und für Konfirmanden die Bibel nicht auf das Maß unserer Erfahrung zurechtstutzen. Wenn wir nur von unseren eigenen Erlebnissen ausgehen, können wir nie begreifen, worum es in der Bibel geht. Auch die eigene fromme Erfahrung darf nicht der Maßstab sein, nach dem wir uns, geniert und ungeniert, bei

unserem Predigen zu richten hätten. D. Hoch[2] berichtet vom Gespräch einer Supervisorin mit einer Supervisandin über ein Predigtmanuskript über Klgl 3,22. Die Predigerin wird darauf aufmerksam gemacht, »daß im Text auch davon die Rede sei, daß Gott ›treu‹ sei und es die Gnade und Geduld Gottes und darum eine neue Hoffnung gebe. Darauf sagt sie: ›Das kann ich selber noch nicht unterschreiben, ich habe das noch nicht erfahren und getraue mich darum nicht, es der Gemeinde zu sagen.‹« Die Supervisorin entgegnet: »Du meinst, du kannst in der Predigt nur das sagen, was du selber erfahren und erprobt hast?«, und erhält die Bestätigung der Supervisandin: »Ja, sonst ist es nicht ehrlich.« Supervisorin: »Das respektiere ich. Nur wird dann das, was du predigen kannst, im Umfang sehr reduziert.« Supervisandin: »Das sehe ich auch, aber wie kann ich es ändern?« Die Supervisorin bot daraufhin die Möglichkeit an, »Predigen zu verstehen als gemeinsames Hören auf das, was ein biblischer Zeuge berichtet, fühlt, erlebt«. Das sei herauszuschälen und hinzustellen, »vielleicht sogar mit dem Geständnis: für mich ist das noch nicht greifbar, aber vielleicht könnt ihr Hörer damit etwas anfangen?« (40f).
Was die Bibel zu sagen hat, übersteigt allemal den Erlebnishorizont eines jeden von uns. Was wir noch nicht selber erfahren und erprobt haben, ist vielleicht gerade das, was wir und unsere jungen und alten Hörer am nötigsten brauchen, um aus der hoffnungslosen Banalität der alltäglichen Lebenswelt[3] herausgeführt zu werden.

## *»Interessante Themen« in der Bibel*

**Die Evangelientexte der Perikopenreihe I bieten gute Möglichkeiten, den Konfirmanden zu zeigen, daß ihnen die Bibel offensteht. Auch in den Reihen III bis VI sind einzelne Texte für Konfirmanden ohne weiteres zugänglich. Bei den Episteln der Reihe II ist die Klage der Konfirmanden, man könne die Predigt über solche Texte schlecht begreifen, durchaus verständlich.**

Die Konfirmanden, die H. Frisch nach ihrer Meinung über den Gottesdienst befragt hatte (vgl. Kapitel I), griffen zur Charakterisierung »langweilig«, vermißten »interessante Themen« und beklagten die Bindung an biblische Texte, »die man nicht versteht«. Von der Predigtperikopenreihe II mit ihren altkirchlichen Episteln wird man zugeben müssen, daß sie es Konfirmanden äußerst schwer macht, Zugang zur Heiligen Schrift zu finden. Wer die Lesung dieser Predigttexte im Gottesdienst als Konfirmand hört, wird wenig verstehen. Die Reihe II bietet auch den Predigern kaum Gelegenheit, zugleich textgemäß und konfirmandengemäß zu predigen, oder, anders gesagt, sie erschwert die Aufgabe der am Konfirmanden orientierten Predigt. Die Evan-

gelienreihe hingegen bietet in großer Zahl Texte an, die Konfirmanden ohne weiteres verstehen können.
Aus den Texten für die Sonntage nach Trinitatis nenne ich als Beispiele die Geschichte vom reichen Mann und armen Lazarus (Lk 16,19–31), das große Abendmahl (Lk 14,15–24) sowie das Gleichnis vom verlorenen Schaf (Lk 15,1–7). Auch die Perikopenreihen III–VI machen es durch einzelne Texte dem Prediger spürbar leichter als die Epistelreihe, die Konfirmanden an der Predigtvorbereitung zu beteiligen und ihnen so zu zeigen, daß ihnen die Bibel offensteht. Im Anhang ist eine Auswahl von Predigtperikopen enthalten, die von Konfirmanden meiner Einschätzung nach relativ leicht verstanden werden können.
Wer selber, als bewußter Zeitgenosse lebend, sich den biblischen Texten nähert, wird sich auch um die Nähe der Texte zu den Tagesereignissen und also um die erkennbare Aktualität seiner Predigt nicht zu sorgen brauchen. »Langweilige« Predigt bzw. eine Predigt, die auf »interessante Themen« verzichten muß, ist keineswegs die automatische Folge biblischer Predigt! Über »Wehrdienst«, »Emigration«, »einen Krieg im Nahen Osten« hat M. Josuttis[4] in deutlicher Parallelität zu aktuellen Vorgängen der Zeitgeschichte gepredigt.

## *An biblischen Redeformen orientieren, um neue Predigtweisen zu gewinnen*

**Die beklagte Langeweile der Textpredigt liegt mit am »Schematismus der gängigen Predigtweise«. Die Orientierung an der biblischen Vielfalt literarischer Formen und Gattungen erweitert die Predigtmöglichkeiten.**

»Der Schematismus und das Klischee der gängigen Predigtweise könnte aufgebrochen werden, wenn sich die Prediger von der Form- und Gattungsgeschichte inspirieren ließen« (R. Bohren[5]). Vielleicht beklagen die Konfirmanden auch deswegen die Langeweile von Predigten, weil sie das geläufige Durchschnittsmuster des Predigtaufbaus zu durchschauen begonnen haben? R. Bohrens Diagnose für die Ursache der Langeweile weist in diese Richtung: »... es könnte sehr wohl sein, daß die herrschende Langeweile bei unserem Predigen nicht zuletzt im Einerlei einer griechisch bestimmten Form wurzelt, das jeden Text prosaisch ins Einerlei der Kanzelbelehrung mit Nutzanwendung für die menschliche Existenz zwingt. Die Predigt verödet, wenn sie statt der biblischem Vielfalt der Formen und Gattungen sich mit exegetischer Erläuterung nebst applikativer Anreicherung begnügt« (139). Insbesondere bei Predigten jüngerer Kollegen ist da und dort ein Bemühen zu beobachten, den Zusammenhang von Textform und Predigtform zu beachten.

In einer Predigt über das dritte Gottesknechtslied Jes 50,4–9a lautet der Schluß[6]:

»Wer will mit uns rechten, wenn Gott uns so nahe ist? Wer will uns daran hindern, auf Gottes Wort zu hören? Die da sagen: Gott – der paßt doch nicht mehr in unsere aufgeklärte Welt! Und habt ihr denn wirklich nichts Besseres zu tun? –

Die mögen mit uns zusammen vortreten zum Streit!

Und wer will uns daran hindern, Gottes Wort zu reden? Die da sagen: Das können wir uns doch gar nicht leisten, uns jetzt ausgerechnet um die Alten und Leistungsschwachen zu kümmern. –

Die sollen herkommen zu uns, daß wir mit ihnen um das Recht auf Würde und Arbeit kämpfen!

Verachtung und Anfeindung können uns dabei nicht schrecken. Wir werden unser Angesicht hart machen wie einen Kieselstein. Siehe, Gott der Herr hilft mir! Wer will mich verdammen? Es ist nahe der Gott, der uns gerecht spricht. Amen!«

Die exegetische Erkenntnis der Vielfalt an Formen und Gattungen in der Bibel wird von der nachwachsenden Predigergeneration nicht mehr problemlos einer traditionellen Predigtweise, die nur die Wahl zwischen Themapredigt und Homilie ließ, untergeordnet. Aufs Ganze gesehen sind wir aber der Herausforderung durch diese biblische Vielfalt in unserer Predigtpraxis noch längst nicht gerecht geworden.

I. Baldermann, der m. W. als erster die Praktische Theologie und die kirchlichen Praktiker darauf aufmerksam gemacht hat, daß die sprachliche Form der biblischen Texte auch der Leitfaden ihrer Erschließung sein könne, ja, um der Wahrung des Inhalts willen sein müsse[7], schrieb später[8]: »Die antike Sage erzählt von einem König, unter dessen Händen alles zu Gold wurde. Es gibt einen bestimmten Stil des Umganges mit biblischen Texten, bei dem uns unter den Händen alles zu Stroh wird. Die paulinischen Briefe, berstend vor Leidenschaft und Leben, werden uns zu dürren Sammlungen theologischer Richtigkeiten; prophetische Predigt, erschreckend und befreiend in den Ohren der Zeitgenossen, wird zu einer langweiligen Publikumsbeschimpfung. Was machen wir hier falsch?«

Nicht nur die Hörer samt den Konfirmanden unter ihnen werden für den Prediger zur Herausforderung. Die biblischen Texte selber fordern uns, wecken und fördern unsere Phantasie, beschenken uns mit Menschenkenntnis, lehren uns die Sprache der Trauer, der Leidenschaft, des Schreckens und des Jubels; sie locken uns in homiletisches Neuland. »Selbst wenn ein Text sehr fremd ist (und nicht so vertraut wie viele andere), will er nicht fremd bleiben. Er möchte dem Prediger und dem Hörer begegnen« (J. Rothermundt[9]).

# IV »Beschränkungen für das Predigtverständnis des Jugendlichen«

**Der Jugendliche hat eine Vorliebe für Konkretes und Erzählendes. Seine Aufmerksamkeit ist am Anfang der Predigt stärker. Für sprachliche Feinheiten ist er unempfänglich. Im Vergleich zu Erwachsenen ist seine Lebenssituation anders. Diese Beschränkungen für das Predigtverständnis Jugendlicher sind zu beachten.**

W. Neidhart[1] hat aufgrund eigener Beobachtungen und 86 Predigtnachschriften, die Pfarrer von Schweizer Konfirmanden hatten anfertigen lassen, »versucht, das Aufnahmevermögen von Fünfzehnjährigen für eine Predigt in einigen Grundlinien zu umschreiben«. Er hat dabei »fünf Beschränkungen für das Predigtverständnis des Jugendlichen« entdeckt.

## *»Vorliebe für Konkretes und Erzählendes«*

»Der jugendliche Hörer wird von einem erzählenden Abschnitt der Predigt stärker beeindruckt als von einem lehrenden oder einem ermahnenden Teil ... Beispielgeschichten prägen sich tiefer ein als theologische oder paränetische Aussagen, und anschauliche Vergleiche haften länger im Gedächtnis als das, was der Prediger damit sagen wollte ...«
H. Albrecht[2] erinnert die Prediger daran, daß die Hörer etwas sehen wollen: »Predigthörer haben aber nicht nur Ohren, sie haben auch Augen, und die sind dringend darauf angewiesen, daß sie etwas zu sehen bekommen ... Wenn dem Anschauungsbedürfnis von Predigthörern nichts vorgelegt wird, dann macht sich deren Aufmerksamkeit selbständig und läßt sich ganz andere Szenen einfallen. Und der Prediger auf der Kanzel bleibt mit seinen Worten allein. Dabei gibt uns die Bibel soviel zu betrachten!«
Zugunsten erzählender Predigt wurde in den letzten Jahren häufig plädiert.[3]
In enger Anlehnung an R. Bohren möchte ich sagen: Was unserer Predigt gerade um der Konfirmanden willen not tut, sind »Kalendergeschichten vom gegenwärtigen Heil«[4], Geschichten also, in denen die Gnade an einer Person deutlich wird.[5]

## »Stärkere Aufmerksamkeit am Anfang«

»Der jugendliche Hörer ist in den ersten Minuten der Predigt in der Regel gesammelter als während der übrigen Zeit. Am Anfang ist er frisch und voll guten Willens, dem Gedankengang zu folgen« (W. Neidhart, 130). Die daraus zu ziehenden Konsequenzen für die Homiletik betreffen nach Neidhart »das Thema der Einleitungen, der ›captationes benevolentiae‹, der einstimmenden Hinführungen und der ausführlichen Schilderungen einer Not oder einer Frage, der man in einem zweiten Teil der Predigt die Lösung des Evangeliums gegenüberstellt«. E. Lerle[6] hat die erhöhte Aufmerksamkeit in den ersten Minuten einer Predigt empirisch nachgewiesen. In der Sache ähnliche Ergebnisse hat A. Stein[7] erzielt. K. Barth[8], der aus ganz anderen Gründen gegen Einleitungen Front gemacht hat, wird auch dem Konfirmanden als Kriterium der Predigt gerecht, wenn er sagt: »Der Verlauf des Gottesdienstes ist schon die Einleitung zur Predigt, dem Höhepunkt. Der Akt der Verkündigung soll vor sich gehen, und jede weitere Einleitung wäre nur verlorene Zeit und nicht zu verantworten . . .« H. Gollwitzer, von dem R. Bohren[9] sagt, er sei »ein Meister des Predigtanfangs«, weil er es versteht, »in ausgezeichneter Weise Text und Hörer von Anfang an zusammenzubringen, so daß die biblische Geschichte ›weitergeht‹«, hat in seinem jüngsten Predigtband[10] weitere Proben seiner Meisterschaft gegeben. Hier ist gerade für den konfirmandengemäßen Predigtanfang viel zu lernen.

Zu Ps 118,24–29 am ersten Sonntag nach Epiphanias beginnt H. Gollwitzer (46f): »Ein Tor ist das Symbol für eine Zäsur, für einen Einschnitt in sein Leben. Vor dem Tor, hinter dem Tor, draußen, drinnen sieht es anders aus. Wenn es ein Gefängnis ist, dann ist draußen die Freiheit und drinnen die Nacht und die Fesseln und, wenn es in Brasilien oder Chile ist, die Folterkammer. Wenn es umgekehrt, so wie hier, ein ›Tor der Gerechtigkeit‹ ist, dann ist draußen die Nacht und der Irrtum und drinnen das volle Leben, das erleuchtete Leben, die Lichter, die Freude. Es stehen Menschen vor dem Tor und klopfen an und wollen hinein. Das ist die Situation, in die das Evangelium uns bringt, wenn es hereinkommt in unser Leben. Es führt uns vor das Tor zum wirklichen, vollen, ganzen, richtigen Leben und macht uns zu anklopfenden Menschen, denn es macht uns zu anspruchsvollen, zu unbescheidenen Menschen, die sich nicht mehr abfinden mit dem, was man hier so Leben nennt, mit diesem Dahinvegetieren aufs Grab zu und diesem Sich-Herumschlagen und -Herumraufen ums Brot und ums Angesehenwerden und ums Vorankommen, jeder für sich selbst, und auf der Höhe der Mode bleiben und Macht haben über andere Menschen. Was ist das für ein Leben! Und was Wunder, wenn es heute überall vorkommt, daß Kinder ihrem Elternhaus, in dem man sich abgefunden hat mit diesem bißchen vegetierenden Leben, den Rücken kehren und ihren Eltern ins Gesicht sagen: Das ist kein Leben, was ihr uns

bietet und vorlebt; das wirkliche Leben muß ganz anders aussehen. Vielleicht haben diese Kinder, diese unzufriedenen und dann selbst wieder irgendwohin tappenden und doch nichts Besseres auf die Beine stellenden Kinder einen Hauch von Evangelium gehört, nämlich davon, daß das Evangelium uns unzufrieden macht mit dem, was wir so Leben nennen, und dies dadurch, daß es uns ermächtigt, Anspruch zu erheben auf wirkliches, volles, sattes, gerechtes, freudiges Leben.
Und so stehen wir vor dem Tor der Gerechtigkeit und klopfen an: ›Tut mir auf die schöne Pforte, / führt in Gottes Haus mich ein.‹ So wie damals die Pilgerprozessionen in Jerusalem vor dem Tempeltor standen, diesen Psalm sangen und anklopften mit dem Ruf: ›Tut mir auf das Tor der Gerechtigkeit, ich will durchgehen.‹«
Die stärkere Aufmerksamkeit des Hörers, nicht nur des Konfirmanden, am Anfang der Predigt wird bei H. Gollwitzer genützt, um ein Bildwort des Textes, verbunden mit aktuellen, auch politischen, Konkretionen, in das Leben der Hörer hineinzustellen und bei der Beschreibung der Adressaten des Evangeliums (»anklopfende Menschen«) die Jugendlichen selbstverständlich zu denen zu zählen, denen der Psalm etwas zu sagen hat, was sie angeht.

## *»Unempfänglichkeit für sprachliche Feinheiten«*

»Der jugendliche Hörer kann, sofern er nicht gymnasial geschult ist, kaum die Wortspiele, paradoxen Aussagen, Bonmots, originellen Formulierungen und pointierten Sätze goutieren, mit denen sich der Prediger bei der Vorbereitung oft viel Mühe gibt« (W. Neidhart, 130).[11]
Folgende Sätze aus einer Predigt dürften an den zahlreich anwesenden Konfirmanden vorbeigerauscht sein, ohne daß sie etwas davon behalten, vermutlich sogar ohne daß sie diese verstehen konnten:
»Niemand anders als der Gekommene ist der kommende Richter. Richten wird derselbe, der stellvertretend für uns gerichtet wurde ... Wie könnte der, der der große Aufrichter der Armen war, sich im Gericht untreu werden? ... Wenn wir unsere Gegenwart bestimmt sein lassen durch die Zukunft des Kommenden, dann ist es unzeitgemäß, daß sich Christen an ihrer Unvollkommenheit aufreiben ... Gönnen wir uns diese Gnade, damit Weihnachten nicht ein Richt-Fest wird, sondern ein Fest der Hoffnung, der Hoffnung, die sich auf den richtet, der da kommt.«

## »Mangel an Kenntnissen aus der Erwachsenenwelt«

»Oft fehlen den Konfirmanden die wissensmäßigen Voraussetzungen, die bei den erwachsenen Hörern vorhanden sind und auf die der Prediger zurückgreift.«

W. Neidhart denkt an »geläufige Abstrakta und Schlagwörter« sowie an das geringe bibelkundliche[12] und kirchengeschichtliche Wissen und meint, Zitate aus der Bibel und aus dem Gesangbuch[13] »wirken auf Jugendliche oft wie Sätze aus einer Fremdsprache« (131).

Mag sich auch der Prediger viel dabei gedacht haben, wenn er sagt: »Die Hoffnung hilft uns, die Spannung zwischen ›jetzt schon‹ und ›noch nicht‹ auszuhalten« – nahezu allen Konfirmanden unter den Predigthörern wird dieser Satz ebenso dunkel bleiben wie das »ursprüngliche Gleichnis«, »die ungeduldige Naherwartung des kommenden Herrn«, die »frühe Gemeinde« und ähnliche Relikte der theologischen Fachsprache. Die »Strukturen der Kirche« werden ähnlich wie die »Bezirkssynode« den Konfirmanden ein Buch mit sieben Siegeln bleiben, wenn nicht zugleich erzählt wird, was eine Synode zu tun hat. Eine Anspielung auf ein »anderes Gleichnis« von einem »König, der das große Gastmahl ausrichtet«, dürfte das bibelkundliche Wissen der meisten Konfirmanden überstrapazieren.

M. Schwekendiek[14] hat mit Konfirmanden Interviews über vorher gehörte Predigten geführt. In einer Predigt war der Satz vorgekommen: ». . . wo ich in einem Streit aufhöre, mein Recht durchzusetzen, da muß etwas von meiner Selbstbehauptung sterben«[15].

Im Gespräch mit einem Realschüler fragt M. Schwekendiek: »Könntest du dir vorstellen, was ›Selbstbehauptung‹ heißt?« Er erhält als Antwort: »Also – ich behaupte selbst, z.B.: ›Du bist gestern zu spät heimgekommen‹. Das behaupte ich selbst, obwohl ich es gar nicht weiß. Ich behaupte es.«[16]

In der Predigt war auch gesagt worden: »Und zwar denke ich daran, daß das Leiden der Menschen in der dritten Welt im letzten Jahr so übergroß geworden ist – durch die gestiegenen Ölpreise –, daß sich nun die Blicke der Armen in einer Weise auf Europa und der Christen dort auf die Christen hier richten, wie wir das noch nicht erlebt haben.«[17] Im Blick auf diesen Predigtabschnitt fragte M. Schwekendiek seinen Interview-Partner: »Und noch etwas. Er hat von der dritten Welt geredet. Weißt du, was die dritte Welt ist?« Der Realschüler antwortete: »Vielleicht oben im Himmel!? Die erste Welt ist eigentlich, wenn man zur Welt gebracht wird, die zweite das Leben und die dritte im Himmel. So stell ich mir das vor.«[18]

Weil, wie W. Neidhart (131) meint, die Konfirmanden »nicht das Bildungsniveau mancher erwachsener Hörer haben und nicht mit dem ehrlichen Willen dasitzen, den Pfarrer unbedingt zu verstehen, haben Unklarheiten und ungeschickte Formulierungen bei ihnen schädlichere Folgen als bei Erwachsenen«.

W. Neidhart denkt hier an »Fabrikationsfehler« einer Predigt, wie »lange, komplizierte Sätze, Partizipialkonstruktionen und substantivierte Infinitive«, auch »Bildermischungen« und »Vergleiche, die nur angetönt und nicht sorgfältig gedeutet werden« (131 f).

## *»Im Vergleich zu Erwachsenen andere Lebenssituation«*

Die jugendlichen Hörer haben »in verschiedener Hinsicht andere Lebensprobleme« als die Erwachsenen und werden darum »von dieser oder jener Applicatio überhaupt nicht getroffen«. »Sie haben dann auch intellektuell Mühe, zu begreifen, gegen wen oder für wen da eigentlich gekämpft wird« (132). W. Neidhart meint, das gelte zum Beispiel »für Anspielungen auf Schwierigkeiten in der Ehe oder für Polemik gegen die Selbstgerechtigkeit«. »Solche Teile der Predigt werden von ihnen überhört und mißverstanden.« Die Konfirmanden selber sind »leidenschaftlich an der Frage nach den Normen für ihr Handeln interessiert, so daß ihnen das Paränetische einer Predigt wichtiger ist als das Kerygmatische, ja daß sie vielfach, dem theologischen Verständnis des Pfarrers genau entgegengesetzt, den Zuspruch des Evangeliums in erschreckendem Ausmaß ethisieren« (132).[19]

# V Die Konfirmanden inmitten der Erwachsenengemeinde

## *Konfirmanden als »normale Hörer«*

**Bei der Betrachtung der Predigt aus der Sicht des Konfirmanden wird manches überscharf deutlich, was empirisch für das Rezeptionsvermögen der Hörer überhaupt gilt. Die Orientierung am Konfirmanden kann zugleich der Orientierung am »normalen« Hörer dienen.**

Mag der Anteil der Erwachsenen an der zum Gottesdienst versammelten Gemeinde jeweils größer oder kleiner sein, so bilden die Konfirmanden als Predigthörer in jedem Fall doch nur einen Teil der gottesdienstlichen Gemeinde. Bisher haben wir überlegt, welche Wege sich aus der Orientierung am Konfirmanden für die Predigt überhaupt und für die Gestaltung der einzelnen Predigt nahelegen. Nun ist zu bedenken, daß die Konfirmanden zusammen mit anderen, bereits konfirmierten Jugendlichen und mit Erwachsenen jeden Alters Predigthörer sind. Wie verhält sich die Orientierung am Konfirmanden zur Orientierung am Hörer?[1]
Zunächst ist festzustellen, daß manches von dem, was bei der Betrachtung der Predigt aus der Sicht des Konfirmanden überscharf deutlich wurde, für Hörer überhaupt gilt. Mindestens die ersten beiden der von W. Neidhart genannten »Beschränkungen für das Predigtverständnis des Jugendlichen« (vgl. Kapitel IV) werden durch empirische Untersuchungen inzwischen verdächtigt, Beschränkungen für das Predigtverständnis auch des Erwachsenen zu sein. So hat etwa K.-F. Daiber[2] im Blick auf die Rezeption der Predigtinhalte herausgefunden, daß auch bei einer Hörerschaft, in der alle Altersgruppen vertreten und unter den Bildungsgruppen die Hörer mit weiterführendem Schulabschluß und Studium überrepräsentiert waren[3], die Erinnerung an das Konkrete und Erzählende dominierte[4]. Was W. Neidhart[5] für die Basler Konfirmanden feststellte: ». . . anschauliche Vergleiche haften länger im Gedächtnis als das, was der Prediger damit sagen wollte . . .«, kann nach K.-F. Daibers empirischen Untersuchungen ähnlich auch für akademisch geprägte Erwachsene unter den Predigthörern angenommen werden. »Im Blick auf die Erzählungen, die Bilder und die Metaphern ist zu sagen, daß sich diese vielfach

verselbständigen. Sie bleiben in Erinnerung, auch wenn die Intention des Predigers, die an das Bild geknüpft war, nicht mehr reproduzierbar ist.«[6]
Hinsichtlich der Vorliebe des Konfirmanden für Konkretes und Erzählendes und seiner geringen Fähigkeit, sich mit dem Bild auch das zu merken, was der Prediger mit einem anschaulichen Vergleich sagen wollte, hat W. Neidhart noch zurückhaltend formuliert: »In dieser Beziehung gleicht der Jugendliche dem nicht akademisch gebildeten Erwachsenen, den wir als Predigthörer vor uns haben. Der volkstümliche Mensch wird von einem epischen oder anekdotischen Stoff stärker angesprochen als von theoretischen Ausführungen« (130). Nach E. Lerles und K.-F. Daibers empirischen Studien scheint die Einschränkung auf den »volkstümlichen Menschen« nicht mehr angebracht. Der Konfirmand erweist sich als Repräsentant des »normalen« Hörers, wo es um Aufnahme und Verarbeitung der anschaulichen und erzählenden Predigtstoffe geht. Gleiches gilt für seine »stärkere Aufmerksamkeit am Anfang«. Hier haben die Untersuchungen E. Lerles ergeben, daß bei Predigthörern überhaupt »Aufnahmebereitschaft und -fähigkeit sowie Aufmerksamkeit der Hörer während der ersten Predigtminuten« »maximal« sind.[7]
Selbst in seinem geringen Interesse an »politischer Predigt« ist der Konfirmand – für manche geradezu erschreckend – ein »normaler Hörer«. Eine empirische Untersuchung im Bereich der VELKD hat im Jahr 1973[8] ans Licht gebracht, daß eine große Mehrheit der befragten Protestanten die Behandlung politischer Tagesfragen in der Predigt ablehnte.
Für einen Lehrvikar, der anhand eines Fragebogens und aufgrund von Gesprächen die Aufnahme seiner Predigt durch die Konfirmanden zu ergründen suchte, war es die »größte Überraschung«, daß 20% der Befragten die in der Predigt – am Wahlsonntag 1980 – erwähnte Landtagswahl ein für eine Predigt »unwichtiges Thema« genannt haben. Bei ihren Vorschlägen für Themen und Probleme, die in Predigten berücksichtigt werden sollten, hat eine Arbeitsgruppe der Konfirmanden dem Pfarrer davon abgeraten, die Predigt »mit politischen Dingen vollzustopfen«[9]. Falls ein junger Prediger sein eigenes starkes politisches Interesse, das er mit vielen Hochschulabsolventen teilt, bei allen Hörern und auch bei allen Jugendlichen voraussetzt, geht er damit eventuell fehl. Wie eine repräsentative Jugenduntersuchung des Sozialwissenschaftlichen Forschungsinstituts der Konrad-Adenauer-Stiftung 1979/80 zeigte, waren nur 10% der Jugendlichen zwischen vierzehn und siebzehn Jahren »sehr stark« bis »stark« politisch interessiert. Erst mit wachsendem Alter und höherem Bildungsgrad wurde das politische Interesse größer und stieg bei den Hoch- und Fachhochschülern auf 40 bzw. 44%.[10]
Die Ergebnisse solcher sozialwissenschaftlichen Untersuchungen über die Einstellungen Jugendlicher sind für den Prediger nicht maßgeblich, liefern ihm aber Hypothesen, die ihm helfen können, in eigenen Gesprächen, etwa mit Konfirmanden, zu erkunden, wie die Jugendlichen im Bereich seiner Pfarrei eingestellt sind, wofür sie sich mehr oder weniger interessieren und inwieweit

sie mit Erwachsenen in ihren Ansichten übereinstimmen. Bei solchen Gesprächen mag es, wie das erwähnte Beispiel des Lehrvikars zeigt, immer wieder Überraschungen geben.
Wir hatten theologisch die Behauptung zu begründen versucht, daß es die normale Situation gottesdienstlicher Predigt sei, auch vor »Uneingeweihten« und »Ungläubigen« und auch für sie laut zu werden, und daß die Konfirmanden ein unübersehbarer Hinweis auf die Normalität dieser Situation seien. Nun geht auch aus den referierten empirischen Studien hervor, daß die Konfirmanden den Prediger an die normale Situation der Predigt erinnern. Die Orientierung am Konfirmanden bewahrt vor dem Vergessen des – von W. Neidhart so genannten – »volkstümlichen Menschen« unter den Predigthörern und auch vor der Überschätzung der Rezeptionsfähigkeit von Predigthörern mit hoher formaler Bildung. Luther sah die beste Vorbildung für das Amt des Predigers darin, »daß einer vorher als Schulmeister tätig gewesen ist, weil er auf diese Weise am ehesten fähig sein wird, das Evangelium auch Einfältigen und Niedrigen zu predigen«[11].
Im schulischen Religionsunterricht, im Konfirmandenunterricht sowie durch den sonstigen Umgang mit Kindern und Jugendlichen eröffnet sich dem Prediger die Chance, eine einfache Sprache zu erlernen, das Erzählen zu üben und auf Fragen einzugehen. Dadurch wird er in unserer Zeit eine gute Vorbildung und eine in seine Berufstätigkeit integrierte, fortlaufende informelle Ausbildung zu einem Predigen, das sich am Konfirmanden und dadurch zugleich am »normalen« Hörer orientiert, erfahren können.

## *Der Vorsprung der Erfahrung Erwachsener gegenüber dem Erlebnishorizont der Konfirmanden*

**Bei einzelnen Predigttexten ist der Erfahrungsvorsprung Erwachsener gegenüber dem Erlebnishorizont der Konfirmanden groß und soll auch respektiert werden. Es darf mehr gesagt werden als nur das, was voraussichtlich durch das enge Sieb des Erlebnishorizonts Jugendlicher hindurchgeht. Sonst würden die Erwachsenen ungefragt zu Teilnehmern eines Jugendgottesdienstes gemacht.**

W. Neidhart hat die im Vergleich zu Erwachsenen andere Lebenssituation der Konfirmanden als eine Beschränkung für deren Predigtverständnis herausgestellt. Daran ist nicht zu rütteln. Viele Themen, zu denen Konfirmanden, von wenigen Ausnahmen abgesehen, noch keinen existentiellen Zugang haben, sind dennoch berechtigterweise, ja notwendigerweise, in Predigten anzusprechen. Den Jugendlichen fehlt in solchen Fällen die Frage, auf die die Predigt antworten könnte.
Die Erinnerung an eigenes Erleben stellt sich noch nicht ein, wenn, durch den

Predigttext veranlaßt, bestimmte Themen anklingen. Gewiß werden auch 13jährige Zugang zur Zachäusgeschichte (Lk 19,1–10) haben; aber sie werden aus eigenem Erleben kaum verstehen können, was es heißt, zu Unrecht erworbenes Vermögen in großem Umfang dem Geschädigten persönlich zurückzuzahlen (Lk 19,8). Die Perikope »Jesus und die Ehebrecherin« (Joh 8,3–11) ist Konfirmanden sicher nicht verschlossen; der Prediger kann hier jedoch bei Erwachsenen zum Thema »Ehebruch« und »Wer ohne Sünde ist, werfe den ersten Stein« mit einer größeren Betroffenheit als bei Jugendlichen rechnen. Was bei diesen zwei bekannten Perikopen aus der Reihe V der Ordnung der Predigttexte, die – wenn ich recht sehe – übrigens im Religionsunterricht häufig »verwendet« werden, an Vorsprung der Erfahrung Erwachsener gegenüber dem Erlebnishorizont von Konfirmanden sich herausstellt, wird sich ähnlich auch bei anderen Predigttexten zeigen. Bleiben wir beispielsweise bei den Predigttexten, die für den 3. und 4. Sonntag nach Trinitatis in den anderen Perikopenreihen vorgeschlagen sind. Hes 18,1 ff (»an den Sünden der Väter tragen«) kann bei Erwachsenen bittere Erfahrungen abrufen, die Jugendlichen vielleicht oder hoffentlich noch erspart geblieben sind. Angesichts von Röm 12,17–21 »Vergeltet niemand Böses mit Bösem« und 1 Kor 1,18–25 »Die Weisheit der Welt ist Torheit vor Gott« dürften die Unterschiede der Lebensalter belanglos werden. Die Tore zum Gleichnis vom verlorenen Sohn (Lk 15,1–3. 11b–32) stehen Jungen und Alten offen; die Erfahrung, die nötig ist, um die Verse 20–24 in ihrer Tiefe zu ermessen, wird einem Jugendlichen wohl immer fehlen, ebenso das volle Verständnis für den rechtschaffenen älteren Bruder, der viele Jahre dem Vater dient. Auch der Schluß der Josefsgeschichte (Gen 50,15–21) ist, ohne daß vordergründige Verstehensbarrieren zu überwinden wären, für jedermann zugänglich; die Vorstellung, an einem Bruder schwer schuldig geworden zu sein, ist für einen Konfirmanden zwar intellektuell nachvollziehbar, aber die Aussage der Söhne Jakobs, »Josef könnte uns gram sein und uns alle Bosheit vergelten, die wir an ihm getan haben«, kann wohl nur bei Erwachsenen, die selber Bosheit eines Verwandten am eigenen Leib zu verspüren bekamen oder einem anderen zu spüren gaben, auch eine emotionale Saite zum Klingen bringen. Für ziemlich schwierig halte ich es, über 1 Tim 1,12–17 »Lobpreis der göttlichen Barmherzigkeit« vor Jugendlichen zu predigen; die Dringlichkeit des Themas »Warum sich durch Gottes Barmherzigkeit meine Einstellung verändert hat« wird wohl nur begreifen, wer schon auf eine längere Wegstrecke seines Lebens zurückblicken kann. Erwachsene bringen Einstellungen und Fragen, ermutigende und bedrückende Lebenserfahrungen eigener Art dem Predigttext und seiner Botschaft entgegen. Muß das zuvor durch das Sieb des Erlebnishorizonts der Konfirmanden geschüttet werden, um es in der Predigt anzusprechen oder eben – wenn es im Sieb hängenbleibt – zu verschweigen? Keineswegs!

Bei solchem Vorgehen würden ja sonst die Erwachsenen im Gemeindegottesdienst wider ihren Willen zu Teilnehmern eines Jugendgottesdienstes oder eines Konfirmandengottesdienstes gemacht. Das kann dann und wann nach vorheriger Ankündigung sinnvoll sein, würde aber als häufige Praxis dem Problem, das sich mit der Teilnahme der Konfirmanden am Gottesdienst der ganzen Gemeinde stellt, gerade nicht gerecht. So unangemessen es ist, wenn Konfirmanden zu Teilnehmern eines Erwachsenengottesdienstes gemacht werden, ohne daß sich die Predigt auch an den Konfirmanden orientiert, so unangemessen wäre die umgekehrte Lösung. Zu den Zielen jeder evangelischen Erziehung müßte auch die Toleranz gehören, sich im Gottesdienst etwas anhören zu können, was einen selber im Moment anscheinend oder wirklich nicht betrifft, was aber für andere wichtig sein kann, etwa im Sinne des Gebets: »Herr gib uns jetzt dein Wort ... so, daß es uns nicht freut, wenn es andere trifft, daß es nicht langweilt, wenn du mit meinem Nächsten redest, und daß ich es nicht überhöre, wenn du mit mir selber sprichst.«[12] Auf der einen Seite werden auch ältere und alte Menschen im Gottesdienst die Erörterung von Problemen, die sie nicht mehr selber haben, die aber Konfirmanden und anderen Jugendlichen auf den Nägeln brennen, durchaus tolerieren. Wichtig wird in solchen Fällen die Kontrollfrage (siehe Kapitel VIII): Wie wäre die um der Erwachsenen willen nötige Predigtpassage (oder das Beispiel) so umzuformulieren, daß der Zugang für Konfirmanden geschaffen und für Erwachsene erhalten bleiben kann?

## *Das Gespräch zwischen den Generationen in der Predigt beginnen und durch Predigt fördern*

**Wo in der Predigt das Gespräch zwischen den Generationen geführt und angeregt wird, dient Predigt zugleich der Verständigung innerhalb der Gemeinde.**

Der Vorsprung der Erfahrung Erwachsener gegenüber dem Erlebnishorizont der Konfirmanden und die Tatsache, daß Erwachsene ihrerseits Fragen hinter sich gelassen haben, die für Jugendliche aktuell sind, kann zugleich daran erinnern, daß jeder Predigthörer ja außerhalb des Gottesdienstes auch mit Menschen, die andere Probleme haben als er selber, zu tun hat. Der Jugendliche hat eventuell im Familienverband Kontakte zu alten Menschen, und die Alten sind von dem, was ihre Enkel beschäftigt und bedrängt, mitbetroffen. Auch aus diesem Grund darf das Gespräch zwischen den Generationen in der Predigt beginnen und durch Predigt gefördert werden. Liegt das nicht auf der Linie der paulinischen Lehre vom Leib Christi: »Wenn ein Glied leidet, so leiden alle Glieder mit« (1 Kor 12,26)? Predigt kann den Hörern auch helfen, sich in die Lage anderer Leute hineinzudenken, sich deren Fragen und Sorgen selber zu Herzen gehen zu lassen und auch an ihrer Freude teilzuhaben. So trägt die Predigt bei zur Verständigung innerhalb der Gemeinde. Insbesondere einige der in Kapitel VII dargestellten Formen der Beteiligung von Konfirmanden an der Predigtarbeit können diesem Ziel der Verständigung zwischen den Generationen dienen. Etwa wenn die Gruppe derer, die sich Rückfragen zur Predigt überlegen, aus Erwachsenen und Konfirmanden besteht oder wenn sich Erwachsene den Fragen der Konfirmanden stellen und der Pfarrer im Team mit Laien verkündigt.

## *»Die Jugend hat in der Gemeinde kein Vorrecht«*

**Ein Vorrecht für die Jugendlichen in der Gemeinde wird nicht behauptet, sondern gleiches Recht für alle Predigthörer, also auch angemessene Berücksichtigung der Konfirmanden.**

In »Acht Thesen über die Jugendarbeit der Kirche«, die D. Bonhoeffer[13] für eine Diskussion aufgestellt hat, versucht er, die »christliche Nüchternheit«, an der es der kirchlichen Jugendarbeit seit der Jugendbewegung oft gefehlt habe, wiederzugewinnen. Aus solcher Nüchternheit heraus – meint D. Bonhoeffer – hätte die Jugendarbeit gewußt, »daß der Geist der Jugend nicht der Heilige Geist, daß die Zukunft der Kirche nicht die Jugend, sondern der Herr Jesus Christus allein ist« (292). D. Bonhoeffers Erinnerung an die Zukunft der Kirche wird uns heilsam bewahren vor einem ängstlichen und von der Sorge um den eigenen Bestand diktierten Bemühen um die Jugend. Die Kirche soll bei ihrer Aufgabe bleiben. »Aufgabe der Kirche ist nicht Eroberung der Jugend, sondern Lehre und Verkündigung des Wortes Gottes« (292). »Die Jugend hat in der Gemeinde kein Vorrecht. Sie soll der Gemeinde dienen, indem sie das Wort hört, lernt und einübt« (292f). Wenn wir diese These D. Bonhoeffers aufnehmen, werden damit die bisherigen Ausführungen nicht relativiert. Ein »Vorrecht« für die Konfirmanden, die als Predigthörer mehr als andere zu berücksichtigen wären, sollte mit allem bisher Gesagten nicht erstritten oder behauptet werden, sondern lediglich gleiches Recht für alle Predigthörer.
Die Jugend braucht spezielle Hilfen, wenn sie das Wort hören, lernen und einüben und so der Gemeinde dienen soll. Auch von daher ist alles gerechtfertigt, was zur Beteiligung der Konfirmanden am Dienst am Wort führen kann. Hierfür werden in den beiden folgenden Kapiteln einige Möglichkeiten dargestellt.

# VI Orientierung am Konfirmanden in der Predigtarbeit

**Den Konfirmanden als Kriterium der Predigt gelten lassen! Einzelne Konfirmanden wahrnehmen! Die Konfirmanden annehmen, zitieren und als Kritiker ernst nehmen! So kommt es in der allgemeinen Predigtarbeit zu einer Orientierung am Konfirmanden.**

## *Einzelne Konfirmanden wahrnehmen*

Mancher Pfarrer, der den Umgang mit Konfirmanden[1] als große Belastung erlebt, wird keine Neigung verspüren, sich diesen Problemkindern nun auch noch in der Predigtarbeit besonders zuzuwenden. Aus der an sich berechtigten Überlegung heraus, daß er schließlich nicht nur für die Konfirmanden da sei, wird er ihre Anwesenheit im Gottesdienst so wenig wie möglich bewußt wahrnehmen oder – und die Versuchung wird mit der Zahl der Konfirmanden steigen – sie nur als Gruppe, als »Haufen«, gar als »Meute« betrachten.[2] Für eine am Konfirmanden orientierte Predigtarbeit käme es aber zuerst darauf an, auch einzelne Konfirmanden wahrzunehmen. Bei solcher Wahrnehmung geht es zunächst um das Verhältnis des Pfarrers zu einzelnen Jugendlichen. W. Uhsadel[3] hat als »Voraussetzung für die Arbeit an der Predigt« die offene Teilhabe des Predigers »am alltäglichen Leben des heutigen Menschen« postuliert. Aber wie kann er die »Lebensfragen« seiner Gemeindeglieder kennenlernen? W. Uhsadel verweist zunächst auf den »Weg der Selbstbeobachtung«; sie schließt aber stets die anderen Menschen mit ein. »Wenn ich mich selbst sehe, sehe ich mich immer zugleich in meinem Verhältnis zu anderen.« Ich nehme den Gedanken W. Uhsadels auf und bleibe so nahe wie möglich an seinen Formulierungen: Der Prediger soll sich in seinem Verhältnis zu Menschen seiner Gemeinde, einschließlich der Konfirmanden, sehen, ob dieses Verhältnis nun erfreulich ist oder nicht; im Spiegel dieses Verhältnisses sucht er zu erkennen, was sie bewegt, interessiert, treibt, beunruhigt, bedrängt, erfreut, verbittert oder ängstigt. Aus solcher inneren Beteiligung heraus ist dann zu fragen, ob und wie der jeweilige Predigttext klärend und helfend in die Situation eingreift.

Der intensive Kontakt, der sich im Unterricht und bei Freizeiten ergibt und der durch Kenntnisse des familiären Hintergrundes, die bei Hausbesuchen zu erwerben sind, ergänzt wird, läßt dem Prediger zwar nicht jeden, aber doch zahlreiche einzelne unter den Konfirmanden anschaulich vor Augen stehen. In der homiletischen Literatur wird immer wieder betont, die »Menschentreue« des Predigers[4] hinge mit seinem intensiven Gesprächskontakt zu einzelnen Zeitgenossen, also »mit seiner Tätigkeit und Haltung als Seelsorger zusammen«[5]. R. Bohren hat einen Prediger erwähnt, der sich vier repräsentative Vertreter der Hörerschaft vorstellt. W. Trillhaas hat die Zwiesprache des Predigers mit einem einzelnen für die Predigtvorbereitung und das Reden in der Predigt empfohlen. Bezogen auf unser Thema würde das bedeuten, daß unter den Personen, die sich der Prediger als Repräsentanten für die Adressaten seiner Predigt vorstellt, immer ein Konfirmand sein sollte, und zwar nicht jede Woche der gleiche, sondern immer wieder andere, von denen er ungefähr weiß, was sie bewegt, interessiert, beunruhigt, ängstigt, erfreut, hoffen läßt und wovon sie überzeugt sind. Jeweils einer der so konkret vorgestellten Konfirmanden säße mir beim Bedenken des Textes und beim Abfassen der Predigt sozusagen am Schreibtisch gegenüber; ich befände mich in einem ständigen stillen Dialog mit ihm. So werden die Konfirmanden als Predigthörer *wahrgenommen.*[6]

## *Die Konfirmanden annehmen*

Wenn der Prediger mit den Konfirmanden gern zusammen ist, predigt er auch für sie. Der Begriff »Annahme« ist zwar durch die poimenische Fachdiskussion belastet. Wenn ich dennoch davon spreche, die Konfirmanden seien »anzunehmen«, denke ich dabei an K. Barths Äußerung über die Liebe als Voraussetzung der Predigt[7] und an W. Jentschs Beschreibung der Jugendseelsorge als »Beistehen«, das sich »als Ausstehen des vielleicht unsympathischen Partners« ereignet.
Das Urteil der Hörer über eine Predigt wird nachweislich davon beeinflußt, ob die Hörer der Meinung sein können, der Prediger habe sie akzeptiert und nörgle nicht an ihnen herum. Wenn sie meinen, der Prediger habe Verständnis für sie und sei ihnen gegenüber offen, sind die Hörer auch offener für die Predigt und bemühen sich intensiver um rechtes Verstehen. Sie beurteilen die Predigt schlechter, wenn sie vom Prediger die Vorstellung haben, er zeige kein Verständnis für sie, habe sie nicht akzeptiert, sei nicht offen, sondern negativ voreingenommen. Für diese Behauptung gibt es experimentelle Belege.[8] Auch ein mit Konfirmanden durchgeführtes Experiment kann diese These illustrieren. (Grundsätzliches zur Versuchsanordnung und zum verwendeten Fragebogen ist in dem erwähnten Aufsatz dargelegt.)

Einer Gruppe von 26 Konfirmanden wurde eine Andacht[9] über Mt 16,25 vorgelegt mit dem Auftrag: »Beurteilt bitte auf beigefügtem Fragebogen folgende Andacht von Pfarrer Schacht aus Darmstadt.« Die Konfirmanden hatten schon ab und zu ihre Eindrücke von Predigten mit Hilfe von Fragebögen wiedergegeben.
Nach dem Zufallsprinzip der alphabetischen Reihenfolge ihrer Namen waren die Konfirmanden an Einzeltische gesetzt worden. Keiner wußte oder bemerkte, daß insgeheim drei Gruppen mit verschiedenen Informationen gebildet wurden. Der erste Satz der Aufgabenstellung war bei allen Gruppen gleich:
»Als ich Herrn Schacht auf einer Pfarrertagung kennenlernte, bei der ich erzählt hatte, daß ich meine Predigten von den Konfirmanden durch Fragebögen beurteilen lasse, fragte ich ihn, ob ich meinen Konfirmanden auch einmal eine Andacht von ihm zur Beurteilung vorlegen dürfte.«
Die erste Gruppe erhielt folgende Zusatzinformation:
*Gruppe 1:* »Wir sprachen dann auch über seine Konfirmanden. Er sagte: Konfirmandenunterricht ist für mich das Schlimmste, was es gibt. Die heutige Jugend hat überhaupt keinen Anstand mehr. Schon die Konfirmanden bombardieren mich im Unterricht ständig mit Fragen. Meistens sind es ganz freche Fragen, die den Pfarrer aus dem Konzept bringen sollen. Ich bin froh, daß ich mit diesem ungezogenen Volk bald nichts mehr zu tun habe. Ihre langen Haare sind mir einfach widerlich. Die heutige Jugend glaubt überhaupt nichts mehr. Zum Glück üben die Eltern wenigstens noch Druck auf ihre Kinder aus, daß sie sich konfirmieren lassen. So lernen sie wenigstens noch einige Kirchenlieder und Abschnitte aus dem Katechismus auswendig.«
*Gruppe 2:* Keine Zusatzinformation
*Gruppe 3:* »Wir sprachen dann auch über seine Konfirmanden. Er sagte: Ich bin sehr gern mit den Konfirmanden zusammen. Die jungen Leute sind heute kritisch. Das ist gut so. Sie stellen viele Fragen. Aber dadurch wird der Konfirmandenunterricht ja interessant. Wenn die Konfirmanden keine kritischen Fragen stellen würden, wäre der Unterricht langweilig – langweilig für die Konfirmanden und langweilig für mich, den Pfarrer. Er erzählte mir, daß in einem Fall die Eltern ihre Tochter durch Entzug des Taschengeldes dazu zwingen wollten, sich gegen ihren Willen konfirmieren zu lassen. In einem langen Gespräch mit den Eltern hat Pfarrer Schacht erreicht, daß sie die freie Entscheidung ihrer Tochter respektierten und nicht mehr verlangten, daß sie sich konfirmieren läßt. In einigen Fällen, in denen Eltern ihre Söhne zwingen wollten, sich vor der Konfirmation die Haare kurz schneiden zu lassen, hat er es fertiggebracht, daß sie die Haare in der üblichen Länge behalten durften.«
Die Auswertung erbrachte ein Ergebnis, das vorausgegangene Experimente ähnlicher Art mit anderen Versuchspersonen bestätigte. In der Gruppe 3 »sympathischer Pfarrer« wurde die Andacht sehr gut bewertet, in der Gruppe 2 »ohne nähere Angabe« durchschnittlich und in der Gruppe 1 »unsympa-

thischer Pfarrer« sehr mäßig, obwohl der Wortlaut der Andacht immer gleich war. Der Abstand zwischen der besten Bewertung (74 Punkte von 100 möglichen) in der Gruppe 3 und der schlechtesten Bewertung (24 Punkte) in der Gruppe 1 betrug 50 Punkte und wurde durch die Zusatzinformation über die Person des fiktiven »Pfarrers Schacht« verursacht. Die Andacht, die ohne nähere Angaben über den Autor bewertet wurde, kam auf 45 Punkte; sie lag damit knapp unter dem Durchschnittswert aller drei Gruppen.

Weil das Zeugnis nur zusammen mit dem Zeugen vernommen werden kann, wirkt es sich bei Konfirmanden homiletisch verheerend aus, wenn sie indirekt aus der Art, wie ihnen im Unterricht begegnet wird, oder gar direkt aus Äußerungen des Pfarrers entnehmen müssen, daß sie nicht akzeptiert sind.[10] Es ist wohl ausgeschlossen, Konfirmanden als aufnahmewillige Predigthörer gewinnen zu können, wenn sie nicht auch bei sonstigen Begegnungen mit dem Prediger merken, daß sie von ihm angenommen werden.[11] Weil ich glaube, daß die Fähigkeit zur Annahme als Frucht der Fürbitte für die Konfirmanden reifen kann, halte ich das Gebet für einen notwendigen Begleiter der Predigtarbeit.[12] Der priesterliche Dienst der Fürbitte bildet mit dem prophetischen Dienst der Wortverkündigung eine Einheit.[13] Wir werden nicht »annehmen« können, ohne über die Menschen, an die uns unser Auftrag weist, vor und nach unserem öffentlichen Reden in der Stille mit Gott zu reden.

## *Die Konfirmanden zitieren*

»Wenn der Prediger die Menschen zitieren kann, zu denen er reden will, dann kommt er ihnen nahe.«[14] R. Bohren hat diese Erkenntnis durch einen Blick auf die alttestamentliche Prophetie für die Homiletik gewonnen. Es ist eine logische Folge unseres bisherigen Ansatzes, daß sich das Wahrnehmen und Annehmen der Konfirmanden auch in Zitaten innerhalb der Predigt konkretisiert. Das unterrichtliche Gespräch wird dafür reichlich Material liefern.[15] Mit Sicherheit wird der Aufmerksamkeitspegel der Konfirmanden kräftig steigen und für eine kurze Weile auf dieser Höhe bleiben, wenn eine ihrer Äußerungen in der Predigt zitiert oder eine ihrer Fragen ausdrücklich aufgenommen wird.

R. Schulz[16] läßt sich solche Gelegenheiten nicht entgehen. In einer Predigt über Rut 1,7–15 – »Abschied von Besitzansprüchen« – sagt er: »Die Vereinnahmung des anderen, der unangemessene Eingriff in seine Freiheit beginnt da, wo wir die Freundschaft mit Exklusivansprüchen verbinden.

Am letzten Donnerstag sprachen wir im Konfirmandenunterricht von zwei Schulkameradinnen, von denen eine die andere zu ihrer Geburtstagsfeier

einlädt. Die Eingeladene wird ein wenig verlegen und gibt dann zögernd zu verstehen, daß sie sich über die Einladung freut und daß sie sie auch gerne angenommen hätte, wenn sie nicht mit einer Dritten befreundet wäre, die es als Untreue ihr gegenüber auffassen könnte, wenn sie diese Geburtstagsfeier besuchte.
Der exklusive Besitzanspruch, der sich in dieser Episode aus dem Leben eines Kindes zeigt, ist leider auch für Erwachsene typisch.«[17]
Während in einer Predigt über Gen 3,23–24 »Das verlorene Paradies und der Traum von der heilen Welt« dürften Konfirmanden bei folgendem Abschnitt aufmerksam gelauscht haben: »Eine Mutter vor der Konfirmation: Herr Pfarrer, schenken Sie den Kindern zur Konfirmation doch bitte kein Bild mit einer erschütternden Kreuzigungsszene! So etwas würde ich in unserem Hause nie aufhängen; und außerdem – Konfirmation soll doch ein fröhliches Fest sein. Dauernd die Hungerbilder im Fernsehen, das ist gerade genug!«[18]
In einer Weihnachtspredigt über Lk 2,20 wird die Situation Jugendlicher mit in den Blick genommen: »Vielleicht kommt es in mancher Familie schon heute zum Konflikt, weil die halberwachsenen Kinder die Art ihrer Eltern, Weihnachten zu feiern, nicht mehr ertragen und deshalb davon reden, den Heiligen Abend anderswo zu verbringen. Die übliche Konfliktlösung nach dem Motto: Das kommt überhaupt nicht in Frage! Am Heiligen Abend gehört die Familie zusammen! Du bleibst hier! ist keine Lösung. Der Sohn oder die Tochter bleiben gezwungenermaßen im Hause, aber ihr Gesicht wünscht den Eltern in jedem Augenblick ›Fröhliche Weihnachten!‹ Möglicherweise werden sie das gemeinsame Singen unter dem Weihnachtsbaum mit der Begründung boykottieren, sie seien heiser. Sie werden vielleicht keinen Hehl daraus machen, daß sie das kindliche Verhalten der Eltern am Lichterbaum für kindisch halten. Man hat die Familie mit Gewalt zusammengehalten, aber der Weihnachtsfriede ist dahin.«[19]
Solches Zitieren von Äußerungen der Konfirmanden kann schon einem jungen Prediger während seiner Ausbildung gelingen, wenn er den homiletischen Wert dieser Äußerungen erkannt hat. Ein badischer Lehrvikar zitierte – leider in indirekter Rede! – seinen jugendlichen Gesprächspartner: »Kürzlich sagte ein Konfirmand zu mir, daß die Kirche voller Widersprüche stecke. Da rede der Pfarrer immer wieder davon, daß das Evangelium sich gegen jede Vergötterung von Leistung wende, und stehe doch zugleich unter dem Druck des Terminkalenders und seiner vielfältigen Verpflichtungen. Blicke ich auf mein eigenes Leben, so muß ich diesem Konfirmanden zugestehen, daß er etwas ganz Richtiges beobachtet hat. Auf diesen Widerspruch angesprochen, würde ich ohne zu zögern zugeben, daß es in meinem persönlichen Leben noch sehr viel mehr Widersprüche zu entdecken gibt. Doch möchte ich eines zu bedenken geben: Mir scheint, daß das Besondere des christlichen Glaubens nicht darin liegt, sich der Illusion hinzugeben, man könne sein Leben so ausrichten, daß es jemals widerspruchfrei wäre. Viel-

leicht muß sich das Christsein wohl darin bewähren, wie man mit den bei sich aufgedeckten Widersprüchen umgeht, wie man an ihnen leidet, wie man ihnen zu begegnen versucht, wie man mit ihnen zu leben lernt.«

Im Zitat darf auch der Widerspruch des Hörers zu Wort kommen. »Wie eine gute Zeitung Leserbriefe bringt, darf auch die Predigt die Stimme des Hörers nicht verschweigen.«[20] Diesem Satz R. Bohrens füge ich hinzu: auch nicht des jugendlichen Hörers.

H. Siegel[21] erwähnt unter den vielen kleinen Schritten, »die ohne große Mühe vollzogen werden können« und zu einem »Anderswerden des Gottesdienstes« führen, u.a. auch die »Aufnahme von Fragen und Erlebnissen aus dem Unterricht in der Predigt«. Außerdem nennt er die »Aufnahme von Themen, Fragestellungen und Liedern aus dem Unterricht im Gottesdienst«.

Wenn es der Sache dient – so denke ich –, dürfen Fragen und Erlebnisse aus dem Konfirmandenunterricht in einer Predigt breiten Raum einnehmen.

In einer Predigt an Heiligabend wurde erwähnt, daß die moderne Bibelübersetzung »Die Gute Nachricht« das Wort »Retter« bringt, wo Luther »Heiland« sagte, und berichtet, wie die Konfirmanden die Eigenschaften eines »Heilands« im Unterschied zu einem »Retter« beschrieben hatten.

## *Die Konfirmanden als Kritiker ernst nehmen*

Unter den zahlreichen Ideen, wie ein Gottesdienst nach den Vorstellungen der Konfirmanden aussehen müsse, referiert H. Frisch[22] auch die Anregung, man könnte am Schluß die Leute fragen, wie es ihnen gefallen hat, eventuell mit einem Fragebogen. Warum eigentlich nicht? Wo eine Befragung aller Gottesdienstteilnehmer als zu aufwendig oder aus anderen Gründen nicht als sinnvoll angesehen wird, kann ja ab und zu eine Befragung der Konfirmanden veranstaltet werden. Mit einem zunächst für Erwachsene entwickelten Fragebogen für Predigthörer[23] habe ich auch bei Konfirmanden Erfahrungen gesammelt.

Der Fragebogen wurde gern angenommen und ohne Schwierigkeiten ausgefüllt. Die Auswertung nahmen einzelne Konfirmanden vor und berichteten darüber im Unterricht. Bei der von K.-F. Daiber u.a. entwickelten Fragebogenfolge[24] liegen meines Wissens bisher keine gesonderten Ergebnisse über Konfirmanden als Predigthörer vor. Ich halte es für erstrebenswert, speziell für Konfirmanden entwickelte Fragebögen einzusetzen, um die Jugendlichen in Predigtkritik zu schulen und im differenzierten Urteilen zu fördern. Zur Entwicklung solcher Fragebögen, die sowohl den rational-kognitiven wie den emotionalen Bereich berücksichtigen müßten, wäre es aber nötig, den einschlägigen und mit der Mode sich wandelnden Sprachschatz der Jugendlichen im Konfirmandenalter aufzunehmen. Wie sagen sie, wenn sie etwas verstanden bzw. nicht verstanden haben? Wenn ihnen etwas gefällt oder nicht gefällt? Wenn sie etwas für sehr gut, mittelmäßig oder schlecht halten? Erste Versuche in dieser Richtung zeigen, daß Konfirmanden sehr viel mehr Ausdrücke zur Benennung des Negativen als des Positiven zur Verfügung zu stehen scheinen.[25] Wer solche Befragungen durchführt, sollte aber nicht in erster Linie auf empirisch gesicherte Daten über seine Predigttätigkeit aus sein wollen, sondern den Fragebogen als Instrument einsetzen, um das Interesse der Konfirmanden für die Predigt zu wecken und zu steigern.[26] Warum sollte ein Konfirmand dem Prediger nicht mitteilen dürfen, daß er von der Predigt höchstens die Hälfte begriffen oder daß er bei der Predigt streckenweise gern zugehört hat?

Ein Fragebogen für Konfirmanden ist im Anhang zu finden (S. 129f).

Konfirmanden, die zu spüren begonnen haben, daß sie als Predigtkritiker ernst genommen werden, können danach auch zu Predigtnachgesprächen eingeladen werden. Auch die von W. Neidhart[27] erwähnten »Predigtniederschriften« können dann auf freiwilliger Basis mithelfen, bei Konfirmanden das ernsthafte Gespräch über die Predigt in Gang zu bringen.

# VII Die Konfirmanden beteiligen

**Die Konfirmanden können an der Predigt beteiligt werden durch Vorbesprechung des Predigttextes im Unterricht, durch Rollenlesung des Textes, durch die Aufnahme ihrer Beiträge und ihrer Fragen aus dem Unterricht. Sie können auch im Gottesdienst Rückfragen zur Predigt stellen.**

## *Vorbesprechung des Predigttextes im Konfirmandenunterricht*

Die einfachste Form der Beteiligung ist die Vorbesprechung des Predigttextes[1] im Konfirmandenunterricht. Selbst wenn die Beschreibung des Auftrags an die Konfirmanden noch etwas unbeholfen ausfällt, wie bei dem hier zuerst dokumentierten Beispiel eines noch unerfahrenen Lehrvikars, kommen doch beachtliche Ergebnisse zustande.
Bei einer Gruppenarbeit mit Konfirmanden[2] lag der Text 2 Kor 1,3–7 vor mit dem Auftrag: »Versucht, den Text mit eigenen Worten wiederzugeben! Habt ihr den Eindruck, daß in diesem Text Themen und Probleme angesprochen werden, die für euch interessant sind? Wenn ja, welche?«
Die Konfirmanden kamen zu folgendem Ergebnis:

Gott gibt uns ein bestimmtes Maß an Trost, das wir an andere bedürftige Menschen weitergeben sollen, d. h. er macht uns zu seinem Werkzeug, durch das er anderen Menschen helfen möchte.

Es wird gesagt, daß wir Leiden ertragen müssen, damit andere getröstet werden. Heil kann man nur erfahren, wenn man die Leiden geduldig erträgt.

Natürlich werden in diesem Text Themen und Probleme angesprochen, die auch uns betreffen, weil jeder Mensch dauernd Leid erfährt und hoffentlich auch Trost. Aber es wird gesagt: Je mehr Leid man erfährt, um so mehr Trost und Heil wird auch erfahren. Das stimmt sicher nicht in jedem Fall. Denn manche Menschen erfahren ihr ganzes Leben lang Leid, ohne daß sie dafür Heil oder Trost empfangen können.

Der Text sagt uns, daß uns Gott in jeder Verzweiflung tröstet. Warum begehen dann aber Menschen Selbstmord oder verzweifeln, d.h. verlieren jegliche Hoffnung? Wahrscheinlich können doch nur die Menschen Trost für ihr Leid empfangen, die an Gott glauben!

Die folgenden Ausschnitte aus einem Gespräch, das eine Lehrvikarin in einer Jugendgruppe mit neun Hauptschülern der 8. und 9. Klasse geführt hat, zeigt, wie direkt Jugendliche dieses Alters zu Einzelaussagen eines biblischen Textes vorstoßen können. Es gelingt ihnen, von ihrer Lebenserfahrung her den Text aufzuschließen.
Der Predigttext Lk 17,7–10 wurde in der Übersetzung von Jörg Zink vorgelesen und jedem Teilnehmer auch schriftlich vorgelegt.

*Claudia:* »Ich finde das ganz schön blöd. Warum läßt der Bauer ihn nicht mit sich am Tisch essen?«
*Angelika:* »Der hat bestimmt was gegen den. Der kann sich doch sein Essen selber machen. Genauso wie mein Bruder.« (Sie erzählt von Situationen, in denen die Eltern nicht da waren und der Bruder sich von ihr frech bedienen ließ.)

In der ersten Gesprächsphase wurden starke Emotionen frei. Die Teilnehmer waren empört über die Ungleichheit zwischen dem Bauern und seinem Knecht. Schließlich sagt
*Klaus:* »Der Bauer hat aber doch recht. Er bezahlt schließlich den Knecht, und der arbeitet dafür. Das ist doch ganz normal.«
*Fritz:* »Ich würde lieber meine eigenen Felder haben und die bearbeiten.«
*Claudia:* »O du mit deinem Bauernhofspleen.«
*Fritz:* »Ich finde das eben stark, wenn man sieht, was man macht.«
*Claudia:* »Aber wenn du einen Bauernhof hast, dann brauchst du auch Leute. Allein kannst du das sicher nicht machen.«
*Monika:* »Und die bezahlst du dann und läßt sie für dich arbeiten.«
*Edgar:* »Ich würde bei dir nicht schaffen.«
*Fritz:* »Wieso? Denkste das ist beim Kunz (damit ist die Firma gemeint, in der Edgar ab Sommer eine Lehrstelle antreten wird) anders? Da mußt du auch schaffen.«
*Klaus:* »Ich finde, das ist überall so. Jemand stellt dich an, und du schaffst.«

In einer späteren Phase des Gesprächs sagte
*Edgar:* »So wie der Knecht, so sollen wir auch alles machen, was uns befohlen wird. O Mann! Und sowas steht in der Bibel?!«

Danach drehte sich das Gespräch um die Sklaverei zur Zeit Jesu und die Frage, warum Jesus die Sklaverei »nicht abgeschafft« habe.

*Fritz* (der längere Zeit nichts gesagt hatte): »Aber, zum Beispiel wenn wir mit dem Roten Kreuz eine Fahrt haben – der Verletzte kann sich auch oft nicht bedanken ...«

*Angelika:* »Aber die Sanitäter haben doch die Aufgabe, den ins Krankenhaus zu bringen. Die müssen das ja. Als ich letztes Jahr angefahren wurde – die Sanitäter habe ich ja gar nicht gekannt! Wie soll ich mich denn bei denen bedanken?«

*Claudia:* »Ich werde auch mal Krankenschwester.«

*Edgar* (der Claudia ins Wort fällt): »Ich glaube, das geht doch hier darum: Wir sollen das tun, was wir tun können. Und wir sollen nicht erwarten, daß wir dann die Kings sind ...«

*Angelika* (sagt sehr bestimmt): »Hei ja, man kann ja auch nicht mehr machen, als man kann. Und wenn man das macht, dann ist ja alles klar.«

*Fritz:* »Aber das ist auch nicht so leicht.«

*Angelika:* »Was?«

*Fritz:* »Halt alles machen, was man machen kann.«

Den Jugendlichen ist es gelungen, zu entdecken, daß der Vorgang im Gleichnis »doch ganz normal« ist: »Der Bauer hat aber doch recht. Er bezahlt schließlich den Knecht.« Sie haben außerdem in der Tätigkeit der Sanitäter des Roten Kreuzes ein Beispiel aus unserer Zeit gefunden, das belegt, daß manche Tätigkeiten sich von selbst verstehen und also diejenigen, die sie ausüben, keinen besonderen Dank erwarten können.[3]

Für die Vorbesprechung des Predigttextes eignen sich besonders die neuen Methoden der Bibelarbeit.[4]

Eventuell kann eine Überschrift, mit der Konfirmanden den Predigttext schlagzeilenhaft erfaßt haben[5], in der Predigt verwendet werden, oder man läßt eine »eigene Übersetzung« der Konfirmanden, die als Kompilation aus mehreren vorgelegten Übersetzungen[6] entstanden ist, vorlesen und zur Ergänzung der Luther-Übersetzung kopiert an die Kirchgänger austeilen.

Zum Predigttext Lk 21,25–28.33 haben Konfirmanden folgende Überschriften ausgedacht:

»Vorzeichen für die Ankunft Jesu« – »Der Untergang der Erde« – »Die Zeichen an Sonne, Mond und Sternen« – »Wenn alles stirbt, ich (Christus) sterbe nie!« – »Die Erlösung der Menschen durch Jesus« – »Die Vorzeichen des Endes und die Erscheinung des Menschensohnes am jüngsten Tag« – »Die Geschichte der Menschen bis zur Erlösung« – »Gott ist nahe, er wird uns erlösen«.

Diese Überschriften waren auf einem Blatt zusammen mit dem Predigttext in der Übersetzung Luthers zusammengestellt und wurden allen, die zum Gottesdienst gekommen waren, zu Beginn ausgehändigt.

Außerdem war auf dem Blatt noch folgende »Übersetzung, aus vier verschiedenen Übersetzungen des Neuen Testaments von den Konfirmanden Ute G., Monika K., und Volker P. Satz für Satz ausgewählt und zusammengestellt«, abgedruckt: »An Sonne, Mond und Sternen wird man drohende Zeichen sehen. Auf der Erde werden die Völker zittern aus Furcht vor dem tobenden Meer und den Wellen. Die Menschen werden vergehen vor Furcht und banger Erwartung all dessen, das über die Erde kommen soll. Denn auch die Kräfte im Weltall werden aus ihrer Ordnung springen. Und dann wird man den Sohn des Menschen auf einer Wolke kommen sehen mit großer Macht und Herrlichkeit. Wenn ihr die ersten Anzeichen von alledem bemerkt, dann steht auf und faßt neuen Mut: Bald werdet ihr gerettet. Himmel und Erde werden vergehen, aber meine Worte vergehen nicht.«

Das Blatt enthielt dazu noch eine »Übersetzung des Konfirmanden Günter S., anhand einiger moderner Übersetzungen selber formuliert«. Sie lautete: »Wird das Zeichen von der Sonne, vom Mond und den Sternen gesehen, so wird bei dem Toben und Wogen der Wellen des Meeres Angst und Panik unter den Menschen herrschen. Von den ungebändigten Mächten, die aus dem Weltall entspringen, werden die Menschen vor Furcht nicht ein noch aus wissen. Dann wird man mich auf der Wolke kommen sehen, begleitet vom Licht Gottes. Wird dies eintreten, so richtet euch nach oben, um der Befreiung entgegenzusehen, denn sie ist nahe. Alles, alles wird vergehen, meine Worte aber nicht.«

Auf dem Blatt, das ausgeteilt wurde, waren die vollen Namen der Konfirmanden ausgedruckt. Nicht nur die vier, deren Übersetzungszusammenstellung der Gemeinde ausgehändigt wurde, sondern auch die anderen Konfirmanden waren bei der Predigt, deren Text im Unterricht besprochen worden war, besonders aufmerksam.

Konfirmanden sind auch relativ leicht dafür zu motivieren, einen geeigneten Bibeltext in einen »Zeitungsbericht«[7] umzusetzen. Er kann eventuell in der Predigt zur Akzentuierung und Aktualisierung des Textes eingesetzt werden. H. Gollwitzer hat sich nicht gescheut, in einer Predigt über Apg 12,1–17[8] dem – wie er sagt – »altertümlichen Lutherdeutsch«, in dem sich diese Geschichte »sehr erbaulich« anhört, eine Übersetzung in »Zeitungsdeutsch« an die Seite zu stellen: »Bild am Sabbath: . . . Mysteriöse Gefangenenbefreiung in Jerusalem, Terrorist entkommen. Staatsanwaltschaft untersucht Gefängnisskandal . . .«

Bei allen angewendeten Methoden der Bibelarbeit mit Konfirmanden sollte es das Ziel sein, daß die jungen Menschen zu einem eigenen, selbständigen Verstehen gelangen.[9] Es muß dabei nicht immer gleich zu einer Besprechung einer längeren Perikope aus der Reihe der Predigttexte kommen. Vor allem bei den ersten Versuchen dieser Art ist es besser, zunächst nur über eine einzelne Aussage, eventuell einen Begriff eines biblischen Textes mit den Konfirmanden nachzudenken. So haben etwa zur Vorbereitung einer Predigt über Ps 31,16a »Meine Zeit steht in deinen Händen« die Konfirmanden der einen Gruppe auf einer Tapetenrolle von eineinhalb Metern Länge alles aufgeschrieben, was ihnen zum Thema »Zeit« einfiel. In stummer Kommunikation, also ohne mit anderen zu reden, sollte jeder darauf achten, was der andere zum Thema »Zeit« niederschrieb. Schreiben durfte immer nur einer gleichzeitig. Auf der Tapetenrolle waren am Ende folgende Einträge zu lesen: Uhrzeit/Freizeit – Terminkalender – Zeit ist Geld – Arbeit – Hetze – Streß – Nacht: acht Stunden ausruhen; acht Stunden nicht reden müssen; acht Stunden keinen Ärger – Die Zeit totschlagen – Herzinfarkt – Nimm dir Zeit und nicht das Leben – Frieden braucht Zeit, Kriege gehen zu lange – Wer hat Zeit für mich? – Keine Zeit! – Kommt Zeit, kommt Rat – Ach, die Zeit vergeht – Ich habe keine Zeit, weil ich sie nicht recht einteile – Wer nicht kommt zur rechten Zeit, muß essen, was übrig bleibt – Ich glaube, du tickst nicht richtig – Warum laßt ihr mir keine Zeit? – Meine Uhr ist abgelaufen – Jeden Tag sechs Stunden Schule – Eile mit Weile – Zeitverschwendung – Ich brauche Zeit zum Leben – Ich brauche Zeit für meine Freunde.

In einer zweiten Gruppe sollte jeder zunächst ein Blatt zum Thema Zeiteinteilung ausfüllen. In der Spalte »Zeit für mich« fanden sich folgende Einträge: Freizeit; Hobby: Radio hören – Musik – Essen und Trinken – Schlafen – Hausaufgaben – Lesen – Freier Samstag – Ferien, Sport.

In der Sparte »Zeit für andere« war eingetragen: Babysitten – Meiner Mutter helfen – Nach der Schule anderen helfen – Mit Freunden spielen – Mit Freunden zusammen radfahren oder schwimmen gehen – Mit meinen Eltern und Geschwistern zusammen sein – Mit anderen singen oder reden – Fußball spielen.

In einer dritten Sparte »Zeit für Gott« fanden sich folgende Notizen: Kirche und Gottesdienst – (Kindergottesdienst) – Sonntags in der Kirche – Konfirmandenunterricht.

Im Mittelteil der Predigt haben sich die Ergebnisse des Vorgesprächs mit den beiden Konfirmandengruppen wie folgt niedergeschlagen:

... Zeit ist Geld. Liebe Gemeinde, liebe Konfirmanden-Eltern, ist das eine überzeugende Einstellung zum Leben, die wir unseren Kindern vorleben und weitergeben? Ich finde es erschreckend, wie verplant und zeitlich manipuliert wir doch heute leben! Ich denke an unsere Kinder in den Schulen, an unsere Konfirmanden. Sie sind eingebunden in einen Ablauf der Zeit, die ihnen ihren Lebensrhythmus diktiert. Eine Konfirmandin meinte: Ich bin ganz gelöchert! Die Schule streßt mich!

Manche fragen daraufhin mit Recht: Sind es überhaupt noch Kinder, die Zeit haben zum Spielen, die Zeit finden für ihre Freunde, die sich als Kinder entfalten können?

Kennen Sie und Ihre Konfirmanden die Geschichte von Frau Uhrzeit und Frau Freizeit? »Alles geht nach der Uhr«, sagt Frau Uhrzeit stolz zu ihrer Nachbarin Frau Freizeit. 6.15 Uhr stehen die Kinder auf – waschen – Frühstück – um 7.00 Uhr der Bus zur Schule – Schule meist bis 13.00 Uhr –

13.30 Uhr Essen – 14.00–15.00 Uhr Hausaufgaben – dann kurz spielen – 16.00–17.30 Uhr Sportverein – 18.00 Uhr Abendbrot – dann noch den Rest der Hausaufgaben – 19.00–21.00 Uhr Fernsehen – danach geht es ins Bett zum Schlafen. So geht es jeden Tag. Genau nach der Uhr.«
Frau Freizeit hatte ihr die ganze Zeit schweigend zugehört. »Ich bin gespannt«, sagte Frau Freizeit dann zu Frau Uhrzeit, »wie lange es noch dauert, bis Ihre Kinder nur noch ›Tick-Tack‹ sagen.«
Ja, liebe Gemeinde, wir schmunzeln vielleicht über diese Geschichte. Und doch: in ihr wird deutlich, daß wir nach der Uhr leben ...
Im Konfirmandenunterricht haben wir in einer Gruppe darüber nachgedacht, wie wir unsere Zeit einteilen. Jeder aus der Gruppe sollte zunächst über sein bisheriges Leben nachdenken: Wieviel Zeit brauche ich für mich? Wieviel Zeit nehme ich mir für andere Menschen? Wieviel Zeit bekommt Gott in meinem Leben?
Die Antworten zu den beiden ersten Fragen sind niemand schwergefallen. Ein Konfirmand schrieb in die Spalte »Zeit für mich«: Zeit für die Schule, Zeit zum Lesen, Zeit zum Fernsehen, Zeit für Sport, Zeit für Musik.
Ja, damit können wir unsere Lebenszeit schon ausfüllen! Auch bei der Frage: »Wieviel Zeit benötige ich für andere Menschen?« waren unsere Konfirmanden um eine Antwort nicht verlegen. Jemand schrieb: Babysitten, meiner Mutter helfen, nach der Schule anderen helfen.
Auf die letzte Frage aber, wieviel Zeit für Gott in meinem Leben bleibt, konnten die meisten auch nach längerem Nachdenken nur antworten: im Gottesdienst in der Kirche, im Konfirmandenunterricht.
Unsere Konfirmanden haben ehrlich geantwortet. Manchen von uns mag ihre Antwort erstaunen und verblüffen. Aber fragen Sie sich doch einmal selbst: Wo nehme ich mir Zeit für Gott in meinem Alltag? Wieviel Zeit bleibt in meinem normalen Tageslauf übrig, die ich bewußt mit Gott erlebe?
Auf die Frage, wieviel Zeit wir für uns und für andere brauchen, könnte jeder eine Menge Antworten geben. Aber die Frage, wieviel Zeit Gott in unserem Leben bekommt, stürzt auch uns in Verlegenheit.
»Meine Zeit steht in deinen Händen.« Das ist die Antwort des Psalmbeters ...[10]

Der Ertrag von Vorbesprechungen des Predigttextes mit Konfirmanden wird allemal der sein, daß die innere Beteiligung der Konfirmanden als Predigthörer mit der Möglichkeit aktiver Partizipation wächst.[11]

### *Predigttextvortrag durch Konfirmanden mit verschiedenen Rollen (»Rollenlesung«)*

In einem Gottesdienst am Sonntag Invokavit habe ich folgendes erlebt: Predigttext war Mt 4,1–11. Der Prediger stand auf der Kanzel. Zwei Konfirmanden standen am Altar, zwei auf der linken und zwei auf der rechten Empore. Nach wenigen erläuternden Worten vernahm die Gemeinde eine Lesung des Predigttextes in Rollen. Der Prediger las die überleitenden und berichtenden Verse. Die erste Versuchungsszene wurde auf der linken Empore, der »Wüste«, von den dort postierten Konfirmanden gelesen. Die zweite Versuchung wurde vor dem Altar, sozusagen auf der »Zinne des Tempels«, vorgetragen. Die dritte Versuchung wurde auf der rechten Empore, auf dem »sehr hohen Berg«, vorgelesen.
Mit ganz einfachen Mitteln war es hier gelungen, nicht nur die dialogische Struktur des Predigttextes sichtbar zu machen, sondern auch die verschiedene Lokalisierung der Versuchungsszenen.[12]
Für eine Rollenlesung eignen sich zahlreiche Predigttexte, die Dialoge enthalten.
Eine Rollenlesung läßt sich leicht arrangieren. Sobald in einem Text verschiedene Personen zu Wort kommen, kann jede Rolle mit einem dafür geeigneten Konfirmanden besetzt werden. Die Rollensprecher werden am besten zunächst unter sich üben. Dann mag ihnen ihr Pfarrer als »Regisseur« helfen, die angemessenste Vortragsweise zu erarbeiten.
Am Beispiel des Textes Mt 20,1–16, der Geschichte von den Arbeitern im Weinberg, soll die mögliche Rollenverteilung verdeutlicht werden. Dabei können sechs Konfirmanden mitwirken.

| | |
|---|---|
| *Erzähler:* | Jesus sprach: Das Himmelreich gleicht einem Hausherrn, der früh am Morgen ausging, um Arbeiter für seinen Weinberg einzustellen. Und als er mit den Arbeitern einig wurde über einen Silbergroschen als Tagelohn, sandte er sie in seinen Weinberg. Und er ging aus um die dritte Stunde und sah andere müßig auf dem Markt stehen und sprach zu ihnen: |
| *Hausherr:* | Geht ihr auch hin in den Weinberg; ich will euch geben, was recht ist. |
| *Erzähler:* | Und sie gingen hin. Abermals ging er aus um die sechste und um die neunte Stunde und tat dasselbe. Um die elfte Stunde aber ging er aus und fand andere und sprach zu ihnen: |
| *Hausherr:* | Was steht ihr den ganzen Tag müßig da? |
| *Erzähler:* | Sie sprachen zu ihm: |
| *Zwei Arbeitsuchende:* | Es hat uns niemand eingestellt. |

*Erzähler:* Er sprach zu ihnen:

*Hausherr:* Geht ihr auch hin in den Weinberg.

*Erzähler:* Als es nun Abend wurde, sprach der Herr des Weinbergs zu seinem Verwalter:

*Hausherr:* Ruf die Arbeiter und gib ihnen den Lohn und fang an bei den letzten bis zu den ersten.

*Erzähler:* Da kamen, die um die elfte Stunde eingestellt waren, und jeder empfing seinen Silbergroschen. Als aber die ersten kamen, meinten sie, sie würden mehr empfangen; und auch sie empfingen ein jeder seinen Silbergroschen. Und als sie den empfingen, murrten sie gegen den Hausherrn und sprachen:

*Zwei Ganztagsarbeiter:* Diese letzten haben nur eine Stunde gearbeitet, doch du hast sie uns gleichgestellt, die wir des Tages Last und Hitze getragen haben.

*Erzähler:* Er antwortete aber und sagte zu einem von ihnen:

*Hausherr:* Mein Freund, ich tu dir nicht Unrecht. Bist du nicht mit mir einig geworden über einen Silbergroschen? Nimm, was dein ist, und geh! Ich will aber diesem letzten dasselbe geben wie dir. Oder habe ich nicht Macht, zu tun, was ich will, mit dem, was mein ist? Siehst du scheel drein, weil ich so gütig bin?

*Erzähler:* So werden die Letzten die Ersten und die Ersten die Letzten sein.

Weitere Predigttexte, die für eine Rollenlesung in Frage kommen, sind in der »Auswahl von Predigtperikopen mit methodischen Hinweisen« im Anhang enthalten.

## *Selbstverfaßte Beiträge als Teil der Predigt (»Konfirmandenbeiträge«)*

Mit großem Eifer haben Konfirmanden schriftlich die Frage beantwortet: »Was würde ich tun, wenn ich wüßte, daß ich mit Sicherheit nur noch 48 Stunden zu leben hätte?« Aus den einzelnen Voten der Konfirmanden wurde eine Auswahl getroffen und dann im Gottesdienst mit Konfirmandengespräch folgende Predigt gehalten:

»Was würde ich tun, wenn ich genau wüßte, daß ich nur noch 48 Stunden zu leben hätte?« Auf diese Frage haben alle Konfirmanden schriftlich geantwortet. Worauf kommt es im Leben eigentlich an und was gibt dem Leben Inhalt? Es ist ja zu vermuten: Was einer in den letzten 48 Stunden seines Lebens tun würde, davon denkt er, daß es seinem Leben Inhalt geben würde. Ich werde

Ihnen nun nicht alle Antworten der Konfirmanden vorlesen lassen. Acht der Antworten, die gegeben wurden, habe ich zu einer repräsentativen Auswahl zusammengestellt. Der Konfirmand Wolfgang H. wird einzelne Sätze aus den Meinungsäußerungen seiner Mitkonfirmanden vorlesen. Ich werde dazu aus meiner Sicht Stellung nehmen.

*1. »Ich würde mit allen Verwandten ein Fest feiern, um sie noch einmal alle zu sehen, und mit meinen Geschwistern und Eltern möglichst lange zusammensein.«*
Das ist doch erfreulich, wenn ein junger Mensch die Gemeinschaft mit seinen Verwandten für etwas Erstrebenswertes hält! Gemeinschaft haben mit anderen gehört nach Auskunft der Bibel zum Menschen dazu. Einer, der sich der Gemeinschaft mit anderen entzieht oder davon abgeschnitten wird, ist nur ein halber Mensch. Die Bibel sagt: »Es ist nicht gut, daß der Mensch allein sei« (Gen 2,18). Einsamkeit und Zurückgezogenheit sind für den Menschen unnatürlich. Darum können sie direkt krank machen. Wer ein erfülltes Leben sucht, darf der Gemeinschaft mit anderen nicht ausweichen. Dies sage ich, obwohl Gemeinschaft mit anderen manchmal anstrengend ist. Anstrengend, weil man einer Gemeinschaft ja nur angehören kann, wenn man ihre Regeln akzeptiert und wenn man selber eine Aufgabe für die Gemeinschaft übernimmt.

*2. »Ich würde über mein ganzes Leben nachdenken: was ich falsch gemacht habe; was ich richtig gemacht habe; was ich anders machen würde und was ich bereue. Ich würde mir klarmachen, was ich schon Schönes und Gutes erlebt habe. Ich würde Gott für die schönen Zeiten in meinem Leben danken und ihn bitten, meine Sünden zu vergeben.«*
Ich meine, das sollten wir *jeden* Tag tun: Über unser Leben nachdenken. Prüfen, was wir falsch gemacht haben. Uns klarmachen, wofür wir zu danken hätten. Wer bewußt lebt, hat mehr von seinem kurzen Leben. Zum bewußten Leben will uns ja auch der Sonntagsgottesdienst helfen. Zu Beginn sprechen wir das Bußgebet. Durch das Bußgebet werden wir angeregt, über das nachzudenken, was bei uns nicht recht ist. Durch das Hören auf einen Abschnitt aus der Bibel sollen wir zum Loben und Danken geführt werden, manchmal wohl auch zum betroffenen Schweigen, zu Reue und Umkehr. Persönlich meine ich, daß dafür der Sonntagsgottesdienst nicht genügt. Wer bewußt leben will, wer regelmäßig über das Gute und Böse in seinem Leben nachdenken will, der sollte es jeden Tag tun, bevor er sich schlafen legt. Für viele ist es dann eine Hilfe, wenn sie einen Bibelabschnitt lesen, der sie auf andere Gedanken bringt als die, die sie sonst im Kopf haben. Dann könnte man sich überlegen: Welchen Menschen bin ich begegnet? Danach sollte möglichst mit eigenen Worten ein Gebet folgen. Das Gebet enthält Dank für das, womit Gott uns erfreut hat; es enthält Fürbitte für andere Menschen und das Bekenntnis der Schuld und der Versäumnisse. Nach meiner Erfahrung ist

es gut, wenn man an einem Tag in der Woche – bei mir ist es der Sonntagabend – grundsätzlich nur dankt. Wenn man zu selten dankt, gerät man leicht in eine falsche Einstellung zum Leben und zu Gott hinein. Unser Grundsatz soll sein: »Lobe den Herrn, meine Seele, und *vergiß nicht*, was er dir Gutes getan hat.«
(An dieser Stelle sprachen die Konfirmanden im Wechsel den Psalm 103, den sie etwas gekürzt auswendig gelernt hatten.)

*3. »Ich würde die 48 Stunden noch richtig genießen. Ich würde essen und trinken, bis ich satt wäre.«*
Der Konfirmand, der dies geschrieben hat, wußte wahrscheinlich nicht, wie uralt seine Lebensweisheit ist. »Lasset uns essen und trinken, denn morgen sind wir tot« – diese Einstellung hat schon der Prophet Jesaja vor über zweitausendsechshundert Jahren bei seinen Mitbürgern in Jerusalem angetroffen (Jes 22,13). Und der Apostel Paulus schreibt[13]: »Wenn die Toten nicht auferstehen, dann treibt uns nur die Devise: Lasset uns essen und trinken, denn morgen sind wir tot« (1 Kor 15,32). Aber das braucht unsere Devise nicht zu sein; denn Gott ist stärker als der Tod. Gott ist der, der von den Toten auferweckt. Der Glaube an Gott kann unserem Leben eine Hoffnung geben, die über das Sterben hinausreicht und darum schon in dieses Leben hineinwirkt. Ich habe den Verdacht, daß das Leben vieler Menschen deswegen so hoffnungslos ist, weil ihnen der Halt im Glauben an Jesus Christus verlorengegangen ist. Die Zahl derer, die auf Christus ihre Hoffnung setzen, wird kleiner; der Alkoholkonsum wird um so größer: »Lasset uns trinken, denn morgen sind wir tot!« Ein Mensch, der sich vom Glauben lossagt, gerät sehr leicht in die Abhängigkeit von Kräften, die sein Leben gerade nicht bereichern, sondern ihn langsam, aber sicher zerstören.

*4. »Ich würde mir Geld beschaffen und damit die letzten zwei Tage meines Lebens verschönern; zum Beispiel würde ich eine Reise nach Hawaii oder Palm Springs machen, damit ich auch noch die schönen Orte auf der Erde gesehen habe.«*
Noch schöne Orte auf der Erde sehen. Ich erinnere mich, daß dies auch mein Wunsch war, als mir im Alter von zwölf Jahren zum erstenmal klar bewußt wurde, daß man nur eine begrenzte Zeit zum Leben hat. Ich beschloß damals, in möglichst viele Länder zu reisen. Ich wollte die Schönheiten der Erde sehen. Heute glaube ich, daß mich eine jahrelange Weltreise als Lebensaufgabe nicht befriedigt hätte. Aber ich glaube auch, daß es zu einem inhaltsreichen Leben gehört, sich zu freuen an den großen Schönheiten der Erde, vor allem aber sich zu freuen an den kleinen Schönheiten der Erde. Alle schönen Dinge dieser Erde nehmen ihren Glanz von Gott. Beim Anblick alles Schönen, z. B. einer schönen Landschaft, werden wir an die Schönheit Gottes erinnert, der alles erschaffen hat. Die Natur lobt Gott durch ihr bloßes Dasein. Alles in der

Natur gehorcht ohne Widerspruch den Gesetzen, die Gott der Natur gegeben hat.
Ein Dichter aus Nicaragua hat den Psalm 148 mit modernen Worten nachgedichtet. In dieser Nachdichtung des biblischen Psalmes heißt es:

Lobet den Herrn, ihr Meteoriten,
eliptische Bahnen der Kometen ...
Lobet den Herrn, sechseckige Schneekristalle ...
Lobet den Herrn,
ihr dunklen Urwälder des Amazonas
und ihr Südseeinseln,
Vulkane und Lagunen,
und du, Mond der karibischen Inseln,
hinter den Silhouetten der Palmen.«[14]

Ein neues Lied, das bei uns schon oft gesungen wurde, handelt von diesem Gotteslob der Schöpfung: »Erd und Himmel sollen singen ...«

*5. »Ich würde mich verhalten, als wenn ich ein Millionär wäre!«*
Dazu will ich nur vorlesen, was im Neuen Testament im 1. Timotheusbrief (6,9–10 und 7–8) steht:
»Wer unbedingt reich werden möchte, gerät in Versuchung. Er verfängt sich in dummen und schädlichen Wünschen, die ihn zugrunde richten und ins ewige Verderben stürzen. Denn Geldgier ist eine Wurzel alles Bösen. Manche waren so auf Geld versessen, daß sie dem Herrn untreu geworden sind und sich selbst viel Not bereitet haben. Was haben wir in die Welt mitgebracht? Nichts! Was können wir aus der Welt mitnehmen? Nichts! Wenn wir also Nahrung und Kleidung haben, sollte uns das genügen.«
Ich meine: Es gehört viel Widerstandskraft dazu, wenn einer den Versuchungen, die vom »großen Geld« ausgehen, auf Dauer widerstehen will. Leider haben nicht viele diese Widerstandskraft.

*6. »Ich würde in eine Bank gehen und sie ausrauben. Das erbeutete Geld würde ich unter die Armen verteilen.«*
Da hat einer immerhin begriffen, daß ein Leben an Inhalt gewinnt, wenn man sich einsetzt für Menschen, die arm dran sind. Nur der Weg, den sich dieser Konfirmand ausgedacht hat, führt zu nichts. Ich kann mir nicht vorstellen, daß man mit Hilfe eines Verbrechens etwas Gutes tun kann.

*7. »Wenn ich merke, daß es mit mir zu Ende geht, dann beginne ich zu beten. Ich weiß, daß es nicht recht ist, kurz vor dem Tod Gott um Vergebung zu bitten. Dann könnte ja jeder schlechte Mensch, der sein ganzes Leben nur Böses getan hat, kurz vor seinem Tod Gott um Vergebung bitten! Aber ich tue es trotzdem!«*
Aus dieser Antwort spricht ein Gespür dafür, daß einer Gott verachtet, wenn

er auf Gottes Geduld spekulieren wollte. Wenn einer bewußt darauf spekuliert, daß er ja immer noch Zeit und Gelegenheit haben wird, sich kurz vor seinem Tod mit Gott auszusöhnen, dann ist er wie einer, der den Vertreter der Feuerversicherung erst dann ruft, wenn seine Wohnung schon brennt. Für einen Versicherungsvertrag dürfte es dann allerdings zu spät sein. Grundsätzlich kann man jedoch sagen: Auch für einen ganz bösen Menschen steht, solange er noch lebt, die Vergebung Gottes offen. Ein Krimineller, der zusammen mit Jesus gekreuzigt wurde, sagt in seiner Todesstunde: »Jesus, gedenke an mich, wenn du in dein Reich kommst!« Und Jesus antwortete ihm: »Wahrlich, ich sage dir: Heute wirst du mit mir im Paradies sein« (Lk 23,42f). Aber die Erfahrung zeigt, daß sich Menschen mit zunehmendem Alter oft verhärten. Sie werden immer stärker festgelegt auf ihre früheren Entscheidungen. Die Weichen sind gestellt. Der Zug kann nicht mehr umgelenkt werden. Niemand sollte sich darauf verlassen, daß er noch genug Zeit und Gelegenheit haben wird, um sich Gott zuzuwenden. Martin Luther King hat uns dafür das Gewissen geschärft durch sein Wort: »Dieser Tag heute ist der erste Tag vom Rest deines Lebens.«

*8. »Doch dann fällt mir Gott ein. Bei ihm heißt es doch, daß die, die an ihn glauben, noch ein Leben nach dem Tod haben. Ein Leben mit Gott, das heißt in Frieden und Geborgenheit. Jetzt habe ich ein schlechtes Gewissen, denn wenn es mir schlecht geht, brauche ich Gott, sonst aber ist er bei mir nicht vorhanden.«*
Jesus sagt: »Ich bin die Auferstehung und das Leben. Wer an mich glaubt, der wird leben, auch wenn er stirbt; und wer da lebt und glaubt an mich, der wird nimmermehr sterben« (Joh 11,25–26). In den Worten des Konfirmanden, die wir zuletzt gehört haben, ist dies richtig erkannt: Ein Leben mit Gott ist ein Leben in Frieden und Geborgenheit. Dieser Friede wirkt schon jetzt hinein in unser Leben, wenn wir an Jesus glauben. So sagt es uns das Neue Testament. Und die Geborgenheit spürt der schon, der im täglichen Leben Gott als Vater anspricht, wie es uns Jesus gelehrt hat im Vaterunser. Ich meine: Es ist eigentlich schade, wenn sich jemand die Veränderung seines Lebens entgehen läßt, die der Glaube an Christus schon jetzt bei ihm bewirken könnte. Ernesto Cardenal, der Dichter aus Nicaragua, dessen Psalmnachdichtung wir vorhin hörten, sagte: »Für alle, die nicht an das ewige Leben glauben, sind die Freuden und Vergnügungen traurig, weil sie einmal ein Ende haben. Wer aber seine Hoffnung auf die Ewigkeit setzt, kann die irdischen Freuden von Herzen genießen, weil er in ihnen eine Ankündigung *der* Freuden sieht, die auf ihn warten.«[15]
Es ist schade, wenn einer erst dann zu Gott ruft, wenn es ihm schlecht geht. Aber natürlich dürfen wir auch dann zu Gott rufen, wenn wir ganz tief drinstecken im Leid oder in der Verzweiflung oder ganz tief drin in der Schuld. In einem Psalm heißt es: »Aus der *Tiefe* rufe ich, Herr, zu dir.«
Die Konfirmanden sprechen den 130. Psalm im Wechsel.

## *Vorher gestellte Konfirmandenfragen in die Predigt aufnehmen*

Fragen, die Konfirmanden im Unterricht stellten, können auch in Predigten aufgegriffen werden. Häufig wird es möglich sein, eine Konfirmandenfrage in eine Predigt über einen der vorgeschriebenen Predigttexte zu integrieren. Im Anhang ist eine Predigt enthalten, die Konfirmandenfragen zum Thema »Gott« aufgreift: »Was beweist, daß es Gott gibt?« »Gibt es Beweise, daß Gott einmal auf Erden war?« »Was für feststehende Beweise gibt es, daß Gott wirklich existiert?«
Die Antwort wurde vom Predigttext Lk 17,20–24 her zu entwickeln versucht. Als Predigt-Thema war angekündigt worden: »Glauben – wie lange noch?«
(Siehe Anhang, S. 77–80)
Mitunter wird es für die Suche nach Antwort auf eine Konfirmandenfrage dienlicher sein, zu einem frei gewählten Text eine thematische Predigt zu halten. Die Konfirmanden hatten wissen wollen: »Warum sind Sie Pfarrer geworden?« Die Antwort wurde unter dem Thema »Zu Christus kommen« vom »Heilandsruf« (Mt 11,28–30) her versucht.
(Siehe Anhang, S. 81–83)

## *Im Team mit Laien auf Konfirmandenfragen Antwort suchen*

Die »Verkündigung im Team mit Laien«[16] ist mit dem Konfirmandenunterricht eng verknüpft.
In den ersten Unterrichtsstunden schreibt jeder Konfirmand die Fragen auf, die er während der Konfirmandenzeit gern beantwortet hätte. Sämtliche Fragen werden vervielfältigt und allen Konfirmanden vorgelegt mit der Anweisung, die besonders interessierenden Fragen herauszusuchen. Für eine Frage darf ein Konfirmand maximal fünf Punkte vergeben aus der Gesamtzahl, die sich naturgemäß nach der Zahl der insgesamt eingereichten Fragen richtet. Aus den Fragen werden die Themen für den Konfirmandenunterricht abgeleitet. Aus den von der Mehrzahl als besonders interessant eingeschätzten Fragen wählte der Ältestenkreis dann einen Fragenkomplex als Thema der »Verkündigung im Team mit Laien« aus und beauftragte drei oder vier Personen damit, zusammen mit dem Pfarrer als Team zu diesem Thema einen gemeinsamen Beitrag zu erarbeiten und anstelle der Predigt vorzutragen.
Einige Beispiele aus den 134 Fragen die von den 29 Konfirmanden eines Jahrgangs (darunter waren 4 Sonder-, 9 Haupt-, 10 Realschüler und 6 Gymnasiasten) zu Beginn des Unterrichts schriftlich gestellt wurden:

Zu was glauben wir an Gott, den noch kein Mensch gesehen hat? – Wo war Gott, als Himmel und Erde noch nicht da waren? – Versteht er uns, wenn wir beten? – Gott ist doch gegen Krieg usw., warum läßt er dann zu, daß Kinder manchmal schon krank oder verstümmelt zur Welt kommen? – Ist es möglich, die Wunder Jesu nachzuweisen? – Kann man alles glauben, was in der Bibel steht? – Man sagt, daß Gott die Welt erschaffen hat; wie soll ich das glauben, wenn so viele Wissenschaftler das Gegenteil beweisen können? – Wer hilft mir, daß ich glauben kann? – Was hat das Leben für einen Sinn, wenn man nachher doch stirbt? – Wie sieht nach Ihrer Meinung das ewige Leben aus?

Die gemeinsame Vorbereitung im Team mit Laien bei jeweils zwei mehrstündigen Zusammenkünften begann damit, daß alles gesammelt wurde, was einzelnen zu den Fragen der Konfirmanden einfiel. In einem zweiten Gesprächsgang gewannen wir durch Rückfragen an die vorläufig gegebenen Antworten größere Klarheit über unsere Gedanken. Auf der Basis des ersten Gesprächs wurde vom Theologen eine Skizze erarbeitet, in der die Argumente der Mitwirkenden so geordnet waren, daß sich ein Gedankenfortschritt oder eine Untergliederung des Themas ergab. Bei manchen Themen ergab sich keine logisch zwingende Reihenfolge für die einzelnen Beiträge, weil es sich dabei um sehr persönlich gefärbte Stellungnahmen handelte, die sich zwar gegenseitig ergänzten, aber weder auf einen anderen Beitrag aufbauten, noch einer Fortsetzung bedurften. Zur Ausarbeitung wurde jedem Mitarbeiter der Teil übertragen, zu dem er persönlich die meisten Argumente beigesteuert hatte. Bei der zweiten Zusammenkunft stellte jeder das Konzept seines Beitrags zur Diskussion. Dabei wurden unnötige Wiederholungen gestrichen und die Länge der Einzelbeiträge – soweit es sinnvoll war – einander angeglichen.

Was im Gottesdienst vom Team schließlich vorgetragen wurde, war der Form nach einer Thema-Predigt ähnlich, jedoch aus vier oder fünf Kurzpredigten zusammengesetzt, wobei die Einzelbeiträge mehr oder weniger stark auf biblische Texte bezogen waren. Die Gesamtdauer bewegte sich zwischen 25 und 30 Minuten.

Besondere Kennzeichen dieser Verkündigung im Team mit Laien sind
- die völlige Gleichstellung der Laien mit dem Pfarrer im praktischen Vollzug;
- die thematische Konzentration auf Fragen des *Glaubens*; sie läßt ein Ausweichen der Laien auf ethisches Gebiet nur in begründeten Ausnahmefällen zu;
- die Verzahnung des Gottesdienstes mit anderen Bereichen des Gemeindelebens (Konfirmandenunterricht, Ältestenkreis);
- die Herausforderung der Verkündigung durch solche Fragen, die den Laien auch außerhalb des Gottesdienstes zu einer verbalen Bezeugung seines Glaubens nötigen, weil Laien vor allem in ihren Rollen als Eltern

oder Großeltern durch religiöse Fragen von Kindern und Jugendlichen aus der eigenen Familie provoziert werden. Die Fragen, die Heranwachsende zu stellen pflegen, sind aber teilweise identisch mit den Fragen, auf die man auch bei Berufskollegen oder Freunden und Bekannten stößt, wenn es mit ihnen überhaupt zu religiösen Gesprächen kommt;
- das für junge Leute wichtige Erlebnis, daß Erwachsene als Christen zu leben versuchen, obwohl (oder gerade weil!?) auch sie auf viele Fragen keine befriedigende Antwort gefunden haben;
- die theologische Arbeit und das geistliche Gespräch bei der Besinnung über die Fragen der Konfirmanden sowie die »Berufung des Laien zur aktiven Teilnahme am Gottesdienst«[17] als Aufgabe des Ältestenkreises;
- die Erfahrung für die Gemeindemitglieder und die Konfirmanden, daß der Pfarrer kein »Antwort-Monopol« in religiösen Fragen hat.[18]

Zu einer Verkündigung im Team mit Kirchenältesten kam es beispielsweise unter der Thematik »Warum glauben wir an Gott, obwohl wir ihn noch nie gesehen haben?«

Die Nachschrift einer Tonbandaufzeichnung der Verkündigung im Team mit Laien ist im Anhang zu finden (S. 83–88).

## *Fachwissen als Kontext der Predigt*

Wenn ein Theologe Informationen aus Lebens- oder Wissensbereichen, von denen er nur aus zweiter Hand Kenntnis hat, in die Predigt aufnimmt, läßt er möglicherweise die Begabungen ungenützt, die der Gemeinde im Fachwissen und in der Lebenserfahrung ihrer Laien reichlich zur Verfügung stehen.

Chr. Möller sagt[19]: »Wie viele Predigten könnten konkreter werden, wenn z.B. ein Lehrer vor einer Predigt über das Gleichnis von den Arbeitern im Weinberg (Mt 20) einige Informationen über das Scheitern von Schülern an den Leistungsanforderungen der Schule gäbe, oder wenn ein Richter einen Kurzbericht über die Schwierigkeiten heutiger Rechtsfindung gäbe und anschließend eine Predigt über das Gleichnis von der zornigen Witwe (Lk 18) gehalten würde! Wieviel Konkretionen könnte eine Predigt gewinnen! Wieviel Anschauungshilfe würde der Gemeinde gegeben! Zu fragen ist auch, ob nicht durch solche Konfrontation von Laieninformationen und Predigt des Pfarrers ein nahezu unerschöpfliches Reservoir an Begabungen in der Gemeinde entdeckt würde, von dem man bei dem augenblicklichen Zustand der Gottesdienste nur träumen kann.«

Wenn Laieninformation zum Verständnis eines bestimmten biblischen Textes einen Beitrag leisten kann, ist sie als Bestandteil des Gottesdienstes berechtigt. Das Gemeindemitglied wird in einem solchen Fall weder nach seiner geistlichen Erfahrung noch nach seiner Laientheologie, sondern ausschließlich nach seiner weltlichen Sachkunde, nach seinem Fachwissen gefragt. Wer sich als Pfarrer bemüht, die Eltern seiner Konfirmanden näher kennenzulernen, wird dabei auch auf weltliche Fachkunde und auf Fachwissen stoßen und in einigen Fällen auch auf die Bereitschaft, durch Erfahrungsbericht, Meinungsäußerung oder Information die Predigt des Pfarrers zu ergänzen.

In Zusammenarbeit mit der Mutter eines Konfirmanden, die Vorsitzende des örtlichen »Spastiker-Vereins« war, der sich die Hilfe für körperbehinderte Kinder und Jugendliche zur Aufgabe gemacht hat, entstand eine »Predigt« über Jes 35,3–6a: »Die Lahmen werden springen wie ein Hirsch«.

Der Aufbau folgte einem Dreierschema:

a) Erste Information: Was ist?

b) Predigt über einen biblischen Text: Die Verheißung

c) Zweite Information: Was können wir tun?

Die Predigt ist im Anhang dokumentiert (S. 89–96).

## *Rückfragen als Teil der Predigt*

Frühzeitig werden drei bis fünf Personen, darunter auch Konfirmanden, darauf angesprochen, ob sie in einem bestimmten Gottesdienst als Fragesteller mitwirken wollen. Dabei wird auf längere Sicht angestrebt, daß möglichst alle Schichten, Berufs- und Altersgruppen der Gemeinde vertreten sind. Dem verbreiteten Abwehrargument, man habe Angst vor dem Reden in der Öffentlichkeit, wurde begegnet mit dem Hinweis, daß die Fragen ja in Ruhe überlegt, dann zu Papier gebracht und schließlich im Gottesdienst vorgelesen werden können. Die Fragesteller erhalten je einen Durchschlag des Predigtmanuskripts etwa zwei Tage vor dem Gottesdienst. Jeder überlegt sich die Fragen, die er zu dieser Predigt stellen will, und schreibt sie auf. Unmittelbar vor dem Gottesdienst besprechen die Fragesteller untereinander, welche der mitgebrachten Fragen in welcher Reihenfolge vorgetragen werden sollen. Im Normalfall stellt jeder eine Frage. Die Fragesteller nehmen im Gottesdienstraum so Platz, daß sie sowohl von der Gemeinde als auch vom Prediger akustisch verstanden werden können. In größeren Kirchenräumen empfiehlt es sich, eventuell im Mittelgang ein Mikrofon aufzustellen.

Nach dem Ende der ersten Phase der Predigt, die mit dem vorbereiteten Manuskript identisch ist, wird ein Lied gesungen, oder ein Musikstück läßt Zeit zum Nachdenken. Dann werden in der zweiten Phase der Predigt die drei bis fünf Rückfragen einzeln vorgetragen. Der Prediger nimmt zu jeder Frage gesondert Stellung. Die zeitliche Verlängerung durch die Rückfragen hält sich in vertretbaren Grenzen (etwa 15 Minuten). Durch die Rückfragen als Teil der Predigt ergeben sich für die Predigthörer, den Prediger und den Gottesdienst etliche Vorteile:

- In der Nachfolge Christi kann sich der Verkündiger Rückfragen gefallen lassen. Die Evangelisten scheuen sich nicht, Jesus als den darzustellen, der zu seiner Verkündigung Rückfragen duldet (Mk 4,10ff; Lk 10,25ff). Die Predigt der Apostel erweckt bei den Zuhörern die Rückfrage, die nicht ohne Antwort bleibt (Apg 2,14-39).
- Künstliche Hörerfragen, die der Prediger selber formuliert, erübrigen sich.
- Die Entmündigung des Laien im Gottesdienst ist wenigstens zeichenhaft aufgehoben. Die Rückfragen als Teil der Predigt institutionalisieren auch im Gottesdienst die Fragen des Laien.
- Der Vorzug einer »unmittelbaren Öffentlichkeit«[20], den die Predigt gegenüber den Massenmedien voraus hat, wird wahrgenommen.
- Eine gründliche Beschäftigung mit Predigttext und Predigt seitens einiger Laien wird angeregt. Wer als Laie die Aufgabe übernommen hat, das Predigtmanuskript vorher zu lesen und dabei die Predigt auf schwache Stellen hin abzusuchen, an denen er auch mit einer Frage einhaken kann, und die Gedanken aufzuspüren, die ihn besonders zum Weiterdenken anregen, der setzt sich viel intensiver damit auseinander als einer, der Predigttext und Predigt nur hört. Der Formulierung der Fragen für den Gottesdienst gehen mitunter auch Gespräche im Familienkreis voraus. Somit wird, wie ein Kirchenältester formulierte, eine »Vertiefung« der Predigt erreicht.
- Die Rückfragen als Teil der Predigt[21] verbinden Vorzüge der ausgearbeiteten Rede mit solchen der freien Rede.

Zu einer Predigt über den sinkenden Petrus (Mt 14,22-33), die unter der Überschrift »Zweifel an Jesus« gehalten worden war, stellten Gemeindemitglieder anhand des vorher gelesenen Predigtmanuskripts unter anderem folgende Rückfragen: »Petrus hat Jesus erst um Hilfe gerufen, als er in Not war. Ist es denn nicht bei den meisten Menschen genauso? Viele denken doch erst in ihrer Not daran, daß es überhaupt einen Gott gibt!« »Wird der Hilferuf eines Menschen immer erhört? Oder muß ein Zusammenhang zwischen einem Auftrag Gottes und dem Hilferuf bestehen?« »War dieses Über-das-Meer-Schreiten Jesu eigentlich notwendig? Hätte er nicht auf weniger drastische Weise den Glauben der Jünger festigen können?«
Als die Form »Rückfragen als Teil der Predigt« das erste Mal praktiziert wurde, folgten auf den Kanzelgruß einige erläuternde Sätze: Für meine Arbeit als Ihr Pfarrer ist das ständige Gespräch über die Predigt von großer Bedeutung. Ohne Äußerungen aus der Gemeinde, ohne weiterführende Fragen, ohne Kritik und ohne Ermutigung kann heute nicht mehr gepredigt werden. Ich danke allen, die mir bisher durch Fragen und Kritik beim Predigen geholfen haben.

Ich weiß, daß jede Predigt eine Reihe von Fragen offen läßt. Die heutige Predigt habe ich drei Gemeindemitgliedern schon vorher zum Lesen gegeben. Sie haben Fragen vorbereitet, die sie sogleich nach der Predigt stellen werden. Ich kenne die Fragen nicht und werde versuchen, sie, so gut es geht, zu beantworten. Wir hören nun den Predigttext ...
Im Anhang ist eine Predigt über Gen 1,26–30 unter dem Thema »Der Mensch, der Herr der Erde?« enthalten (S. 96–103), zu der drei Gemeindemitglieder je zwei Fragen gestellt haben.
Mit den hier genannten sieben Formen will ich nicht den Anspruch erheben, eine umfassende Beschreibung denkbarer und bereits praktizierter Beteiligungsmöglichkeiten[22] gegeben zu haben. Auf diesem Feld sind dem Einfallsreichtum Gott sei Dank kaum Grenzen gesetzt. Wer will, kann jedenfalls Konfirmanden das Gefühl vermitteln: Ich werde als Mitarbeiter bei der Predigt gebraucht; mein Beitrag ist gefragt. H. Frisch[23] berichtet von ermutigenden Erfahrungen mit einem gemeinsam mit Konfirmanden vorbereiteten Gottesdienst: »Erstaunlicherweise gehörten viele ältere Menschen zu den Anhängern dieser von den Konfirmanden erprobten neuen Form. Nur weiter so, ermunterten sie uns beim Hinausgehen.«

# VIII Ist meine Predigt zugänglich für Konfirmanden? – Gesichtspunkte zur Überprüfung der Predigt

**Ein erster und überall möglicher Schritt zu konfirmandengemäßer Predigt ist die kritische Durchsicht der Erstfassung des Predigtmanuskripts unter dem Gesichtspunkt seiner Zugänglichkeit für Konfirmanden.**

## *Mit welchen Aussagen der Predigt werden sich Konfirmanden voraussichtlich identifizieren können?*

Vielleicht ist es ihnen mit Sätzen wie diesen aus Predigten von Lehrvikaren möglich:
»Freilich sind unsere Konfirmanden keine fertigen Christen, denn solche gibt es überhaupt nicht; nur fällt es eben bei den Konfirmanden am ehesten auf.«
Oder, obwohl darin nicht ausdrücklich von Konfirmanden die Rede ist, mit dem Satz aus einer anderen Predigt:
»Wer unter seinem wechselhaften Verhalten leidet, darf ganz gewiß sein: Gott bleibt ihm freundlich zugewandt.«

## *Werden den Adressaten der Predigt Ansichten unterstellt, die von den Konfirmanden vermutlich nicht oder kaum geteilt werden?*

Mein Rotstift würde etwa folgende Predigtsätze markieren, bei denen jeweils zu fragen wäre, ob sie in der gewählten Formulierung für die Predigt wirklich unverzichtbar sind:
»Jesus ißt mit den Außenseitern seiner Zeit. Im Abendmahl will er mit uns Gemeinschaft haben. Das alles glauben wir! Und darum können wir auch hoffen.«
Oder: »Laßt uns damit Schluß machen, einander Forderungen zu stellen, von denen wir von vornherein wissen, daß sie entweder gar nicht oder nur unter großem Zähneknirschen zu erfüllen sind.«

*Kommt das Anschauungsmaterial den Konfirmanden nahe? Was wäre wie umzuformulieren, damit Konfirmanden leichter Zugang haben?*

Veranschaulichungen aus Bereichen, die Jugendlichen fernliegen, können bei Konfirmanden vermutlich kaum ihren Zweck erfüllen. Wenn ein gewähltes Bild, ein Vergleich oder eine Beispielgeschichte aber aus einem Bereich stammt, der Jugendlichen nicht vertraut ist, könnte es sogar ein Indiz dafür sein, daß das zur Veranschaulichung gewählte Material auch nur wenigen Erwachsenen zugänglich ist. Daher sollte die erste Fassung des Predigtmanuskripts oder – noch besser – sollten die einzelnen Passagen der Predigt gleich im Prozeß des Entstehens daraufhin geprüft werden, ob durch Umformulierungen der Zugang für Konfirmanden geschaffen und zugleich für Erwachsene erhalten werden kann.

Eine Predigt über Mt 25,1–13 beginnt mit einem *Bild*, das die Situation des Wartenmüssens veranschaulichen soll:

»Ich nehme an, Sie kennen diese Situation: Sie sitzen im Wartezimmer, die Zeit vergeht, eigentlich müßten Sie etwas ganz anderes tun. Das Eigentliche geht draußen vor sich; im Behandlungsraum, daheim oder im Betrieb, Sie aber müssen abwarten. Das ist oft sehr unangenehm. Vielleicht beneiden Sie die gemütliche ältere Dame, die sich ihre Strickarbeit mitgebracht hat und sich mit anderen Menschen unterhält. Sie hat offensichtlich das Wartenmüssen vorausgesehen, sich die Zeit entsprechend eingeteilt und versteht es, das Beste aus der Wartezeit zu machen.« Der Bereich »Wartezimmer eines Arztes« ist zwar einem Konfirmanden nicht unbekannt, aber die »gemütliche ältere Dame mit ihrem Strickzeug« wird er kaum beneiden. Er ärgert sich vielleicht, weil er im Wartezimmer seinen Kassettenrekorder nicht laufen lassen darf oder weil er die neueste Nummer von Asterix und Obelix zu Hause vergessen hat. Das Bild vom Wartezimmer könnte mit einem zusätzlichen Satz, der auf Jugendliche anspielt, durchaus für Konfirmanden geöffnet werden.[1]

Etwa so: Wenn wir die Gedanken der Menschen im Wartezimmer lesen könnten, würden wir vielleicht merken: Der eine sehnt sich nach seinen Freunden, die jetzt Fußball spielen, während er sich beim Arzt langweilt. Ein anderer ärgert sich, daß er das Heft mit den Comics zu Hause liegenließ und daß der Arzt nur Zeitschriften ausgelegt hat, die ihn nicht interessieren.

Die gleiche Predigt enthält folgendes *Beispiel*: »Eine andere Einstellung zum Warten spricht aus dem folgenden Erfahrungsbericht eines Elternpaares mit sechs Kindern: ›Mit den Kindern kamen und wuchsen Nerven und Geduld. Erfahrung vermittelt Gelassenheit. Indem wir zusehen, wie die Kinder wachsen, lernen wir, abzuwarten, den Augenblick zu genießen und nichts vorbeizuwünschen.‹ Warten ist hier: waches Dabeisein, wahrnehmen, was die Gegenwart bietet, sich daran freuen, Schwierigkeiten mit den Kindern als Wachstumserscheinungen zu verstehen.«

Gegen Ende der Predigt wird erneut darauf Bezug genommen:
»Ich erinnere an die vorhin zitierten Eltern, die es gelernt haben, nichts vorbeizuwünschen, ihre Kinder auch in schwierigen Stadien gernzuhaben, Konflikte auszuhalten. Ohne Hoffnung wäre das nicht möglich.«
Hier wird nur aus dem Blickwinkel von Eltern dargestellt! Auch in diesem Fall wäre es möglich, ohne Eingriff in die Substanz der Predigt das gewählte Beispiel für Konfirmanden zu öffnen. Etwa indem die zuerst zitierte Passage durch einen Anhang erweitert würde:
Ich weiß, daß nicht nur Eltern Schwierigkeiten mit den Kindern haben, sondern auch umgekehrt: Kinder und Jugendliche mit ihren Eltern. Jedem Konfirmanden wünsche ich Eltern mit guten Nerven, mit Geduld und Gelassenheit; Eltern, die Schwierigkeiten mit Kindern als Wachstumserscheinungen verstehen. Ich wünsche euch Konfirmanden auch, daß ihr im Umgang mit Vater und Mutter ebenfalls Geduld und gute Nerven habt; daß ihr warten könnt. Ohne Hoffnung ist das nicht möglich.

Mit einem Beispiel argumentiert wird auch in einer Predigt über Jes 40,1–8 in einem Gottesdienst, in dem am 3. Sonntag im Advent zwei Kirchenälteste eingeführt wurden:
»Aber ... es ist der unverbrüchliche Wille Gottes, daß Menschen getröstet werden: ›Tröstet, tröstet mein Volk!‹ Wir tun gut daran, den Trost wieder als Maßstab für unsere kirchliche Verkündigung zu entdecken. Und wir tun vielleicht noch besser daran, nicht nur die christliche Verkündigung daran zu messen, ob sie denn auch trostvoll sei, sondern auch und vor allem unser christliches Tun und Verhalten. Wo kirchliche Betriebsamkeit nicht mehr zu trösten vermag, da ist jedenfalls kein christliches Tun mehr auf dem Plan. Daraufhin könnten wir auch einmal alle unser Verhalten in der Advents- und Weihnachtszeit ›abklopfen‹, ob das so sehr tröstlich ist, was wir da alles so vollbringen. Was daran für uns und andere Menschen trostvoll ist, das laßt uns mit Freuden tun. Was uns daran kaputtmacht und in eine tage- oder gar wochenlange Hektik hineintreibt, das laßt uns ruhig beiseite schieben. Es lohnt die Mühe nicht. Das ist übrigens auch die wichtigste Aufgabe von Kirchenältesten, daß sie ihre Mitchristen in der Gemeinde trösten. Und es ist ihr gutes Recht, zu erwarten, daß sie von der Gemeinde innerhalb und außerhalb ihrer kirchlichen Tätigkeit getröstet werden.«
Wollte man diese Passage (unter Wahrung ihrer Grundintention) im Blick auf die Konfirmanden umformulieren, wäre die »Betriebsamkeit« auch aus der Sicht eines Jugendlichen zu schildern, und die Kenntnis der Funktion eines Kirchenältesten dürfte nicht einfach vorausgesetzt werden.
Änderungsvorschlag:
Auch unser Verhalten ist daran zu messen: tröstet es andere? Jetzt in der Zeit vor Weihnachen ist ja viel los bei uns. In der Kirchengemeinde jagt eine Veranstaltung die andere (ortsübliche Veranstaltungen nennen!). Ob das so

sehr tröstlich ist, was wir da alles organisieren und veranstalten? Auch in den Familien häuft sich die Arbeit. Die Konfirmanden erleben ihre Eltern angespannter als sonst. In der Fülle der Vorbereitungen und Besorgungen haben sie noch weniger Zeit und wirken nervöser. Wem wird durch die vorweihnachtliche Betriebsamkeit in den Familien geholfen? Wer wird getröstet? – Was daran für uns und andere Menschen trostvoll ist, das laßt uns mit Freude tun. Was uns daran in wochenlange Hektik hineintreibt und kaputtmacht, das laßt uns ruhig beiseite schieben. Es lohnt die Mühe nicht. Auch in der Kirchengemeinde haben wir uns immer wieder zu prüfen: Ist das nötig, was wir tun? Nötig, weil es tröstet? Das ist übrigens die wichtigste Aufgabe von Kirchenältesten, daß sie gemeinsam mit dem Pfarrer überlegen und prüfen: Wie können wir trösten? Was tröstet? Die Kirchenältesten haben die ganze Tätigkeit einer Gemeinde immer wieder daran zu orientieren und daraufhin zu prüfen: Wen tröstet das, was wir da machen? Wo brauchen die Jugendlichen unserer Stadt Trost? Welchen Trost brauchen die Berufstätigen? Und die kurz vor dem Ruhestand? Sind unsere Altenclubs trostvoll? Alle Tätigkeiten in der Gemeinde und die Predigten des Pfarrers haben die Kirchenältesten daraufhin zu bedenken: Wird dadurch getröstet? Wer braucht Trost? Sicher oft auch der Pfarrer! Sicher oft auch die Kirchenältesten! Es ist das gute Recht aller, die zur Gemeinde gehören, daß sie getröstet werden. Denn das ist der Wille Gottes: »Tröstet, tröstet mein Volk!«

Es dürfte durch diese Zitate aus Predigten und die jeweils dazu angebotenen Änderungen deutlich geworden sein, daß es mitunter nur geringer Eingriffe bedarf, um den Beispielen und Bildern eine Form zu geben, die auch Konfirmanden hellhörig werden läßt. So wird die Chance vergrößert, daß sie Zugang zur Predigt finden.

# IX Unterbrechungen des Monologs als Hilfen für Konfirmanden mit Konzentrationsschwierigkeiten

**Die Konzentrationsschwierigkeiten von Konfirmanden beim Hören eines Monologs sind eine offenkundige Not. Es gibt Möglichkeiten, den Konfirmanden entgegenzukommen: Die Lesung des Predigttextes kann abschnittweise in die Predigt eingeschoben und einem zweiten Sprecher übertragen werden. In die Predigt kann man gelegentlich einen Bericht aufnehmen. Sie kann durch Gemeindegesang oder Instrumentalmusik unterbrochen werden.**

## *Abschnittweise Lesung des Predigttextes durch einen Lektor oder Vortrag eines Berichts durch einen Zitator (»Abschnittslesung«)*

Im Bemühen um eine lebendige Reproduktion eines Stoffes hat sich in der kirchlichen Morgenfeier im Rundfunk[1] die »Sprechfolge« eingebürgert. Sie ist der Versuch, das »monologische Prinzip zugunsten eines mehrstimmigen Stils zu durchbrechen«[2]. Dem Hörer werden dabei stimmliche, oft auch sachliche Alternativen geboten. So kann etwa ein zweiter Sprecher neben dem Prediger als »Zitator« auftreten.[3] Besonders bei umfangreichen Predigttexten spricht auch im Gottesdienst einiges dafür, daß der Prediger nicht selbst den Text verliest und daß außerdem die Lesung in die Predigt eingeschoben wird. In vielen Gemeinden wird der Brauch bereits geübt, die Altarlektion durch Laien vortragen zu lassen. Dieser Brauch könnte erweitert werden durch die Lesung des Predigttextes durch denselben Lektor.

Ein überzeugendes Beispiel abschnittweiser Einfügung des Predigttextes in die Predigt hat H. W. Wolff zu 2 Kön 5,1–19a (Elisa heilt Naaman) vorgelegt.[4] Er liest zu Beginn nur den ersten Vers vor und bringt den weiteren Text in dreizehn kleinen Blöcken, meist von je zwei Versen, in die Predigt eingeschoben zu Gehör. Der Struktur dieser Predigt wäre eine Verteilung der Sprecherrollen zwischen einem Zitator und dem Prediger sehr gut gerecht geworden.

Wo ein Laie den Predigttext vorliest, ergibt sich ein dreifacher Gewinn für die Predigt:

Erstens können die Hörer der Predigt leicht zwischen der biblischen Grundlage und dem eigenen Wort des Predigers unterscheiden.

Zweitens wirkt der Wechsel der Stimmen der Monotonie entgegen.
Drittens wird die Rolle des Predigers anschaulich: Bevor er im Namen Gottes redet, hat er selber auf das biblische Wort zu hören.
Die Textwiedergabe in Blöcken legt sich insbesondere bei Erzählungen nach Art von 2 Kön 5,1–19a nahe. Es eignen sich dafür aber auch Abschnitte wie Mt 21,1–11. Jesu Einzug in Jerusalem könnte in vier Abschnitten als Lesung in die Predigt integriert werden: Teil 1: Verse 1–3, Teil 2: Verse 4–5, Teil 3: Verse 6–9, Teil 4: Verse 10–11. – Weitere Texte aus den Perikopenreihen, die sich für abschnittweise Lesung innerhalb der Predigt eignen, sind in der »Auswahl von Predigtperikopen mit methodischen Hinweisen« im Anhang enthalten. Vgl. auch die Predigt über Apg 16,16–40 im Anhang (S. 104–109).
Immer wieder erlebt man in Gottesdiensten, daß in der Predigt Ansichten oder Erlebnisse dritter Personen referiert werden.[5] Der Prediger kommt in solchen Passagen nicht selbst zu Wort. Sobald solche Abschnitte mehrere Sätze umfassen, bietet es sich an, sie durch einen zweiten Sprecher, einen »Zitator«, vortragen zu lassen. Durch Delegierung an eine andere Stimme wird die Eigenständigkeit der Aussagen hervorgehoben. Für die Konfirmanden entsteht Abwechslung.

## *Gemeindegesang als Teil der Predigt*

»Die Ansprache als in sich geschlossene monologische Form wird nicht unwesentlich variiert, wird sie durch musikalische Formelemente unterbrochen. Das Problem solcher gegliederter Ansprachen ist es, Wege dieser musikalischen Unterbrechung zu finden, die der unumgänglichen Forderung nach Hörer- wie Sachbezogenheit gerecht zu werden vermögen.« Mit dieser Feststellung leitet H.-D. Mattmüller[6] seine Überlegungen über die musikalische Unterbrechung der Ansprache ein. Er referiert auch einige Stellungnahmen der älteren Homiletik zu der Frage der Predigtunterbrechung durch Gemeindegesang[7] und charakterisiert dann einige Typen von Ansprachen bei Rundfunkmorgenfeiern, die musikalisch unterbrochen wurden[8]:
»Das Lied als Ausdruck musikalischer Meditation eines Ansprachеabschnitts.«
»Das Lied als musikalische Entfaltung des inhaltlichen bzw. thematischen Schwerpunkts der Ansprache.«
»Das Lied als musikalisch-meditative Problemeinstimmung.«
»Die Instrumentalmusik als Meditationshilfe.«
Im Unterschied zum Rundfunk, wo ja eine Liedunterbrechung der Predigt die Zuhörer nicht selber als Sänger aktiviert, verdient im Gemeindegottesdienst die Gliederung der Predigt durch Gemeindegesang mehr Beachtung, als ihr in der gegenwärtigen Predigtpraxis geschenkt wird. »Generell wird gelten müssen, daß jede Form musikalischer Unterbrechung in Gestalt eines

Liedes eine sachlich erkennbare, hörbar vermittelte Beziehung zu den Anspracheaussagen ihrer näheren Umgebung haben muß.«[9]
In einer Predigt über Röm 12,1–2 wurde nicht nur versucht, einzelne Elemente der Liturgie den Konfirmanden zu erklären, sondern es wurde auch an drei Stellen die Predigt durch Liedstrophen unterbrochen. Es waren dafür bewußt Weihnachtslieder ausgewählt worden, weil die Ermahnung des Paulus »bei der Barmherzigkeit Gottes« durch Sätze aus der Weihnachtsbotschaft verdeutlicht werden sollte. Der Predigttext wurde vorweg vorgelesen.
Die Predigt ist im Anhang dokumentiert (S. 110–114).

## *Instrumentalmusik als Zäsur zwischen den Predigtabschnitten*

H.-D. Mattmüller[10] hat diese Form in den Morgenfeiern des Rundfunks häufig angetroffen. Bei seinen Untersuchungen kam er zu einem Schluß, der sich unschwer auf die Gemeindepredigt übertragen läßt.
Wird die Predigt durch Instrumentalmusik als Meditationshilfe unterbrochen, so wird die Musik »zur rein neutralen Zäsur zwischen zwei Anspracheabschnitten. Sie hat die Funktion einer akustisch gefüllten Pause, die – mag man dies auch weitgehend als fiktiv ansehen – Hörer wie Autor Gelegenheit zur Besinnung oder zum begrenzten kurzfristigen gedanklichen Abschalten geben will.«
Da in den meisten Gottesdiensträumen eine Orgel vorhanden ist, wird es sich oft anbieten, auf die Orgel zurückzugreifen, wenn dem Hörer längerer Wortteile zwischendurch echte Phasen der Entspannung verschafft werden sollen. Im Anhang ist eine Predigt über Röm 8,18–23 dokumentiert (S. 114–118), die an drei Stellen durch Orgelmusik unterbrochen wurde. Dabei wurden die Teilnehmer des Gottesdienstes jeweils auf bestimmte Strophen einzelner Lieder des Gesangbuchs hingewiesen.
Für Instrumentalstücke, die eine Zäsur zwischen einzelnen Predigtabschnitten schaffen sollen, sind außer der Orgel noch andere Instrumente geeignet. Die musikalischen Befähigungen und Neigungen gerade auch jugendlicher Gemeindemitglieder werden auch den Einsatz der Gitarre und verschiedener Flöten nahelegen.
Alle hier erwähnten Möglichkeiten der Unterbrechung des Predigtmonologs empfehlen sich nicht nur als Hilfen in den Konzentrationsschwierigkeiten der hörenden Konfirmanden, sondern geben auch der Aktivität von Gemeindemitgliedern im Gottesdienst Raum. So wird über die schon genannten Formen der Beteiligung (Rückfragen als Teil der Predigt, Verkündigung im Team mit Laien) hinaus die mitarbeitende Gemeinde, die es nicht nötig hat, alles an den Pfarrer zu delegieren, für Konfirmanden erlebbar und anschaulich.

# X Die Augen beschäftigen

**Das Anschauungsbedürfnis (nicht nur) junger Predigthörer legt es nahe, Medien einzusetzen. Durch die vielfach beliebt gewordenen »Meditationen« über Kunstwerke werden Konfirmanden aber meistens überfordert. Bei der Auswahl von Dias ist zu beachten, daß Jugendliche nach Realien hungrig sind.**

## *Erläuterung des Predigttextes durch Dias (»Dias zum Text«)*

In Predigttexten werden oft Vorgänge erwähnt, die zur Zeit der Entstehung der Texte leicht zugänglich waren. Wie ein Töpfer mit Ton umgeht, wie er den Klumpen formt und, wenn ihm sein Werkstück unter den Händen mißrät, von vorne anfängt, das hatte zur Zeit des Jeremia (Jer 18,1–6) und des Paulus (Röm 9,20–23) jeder irgendwann einmal vor Augen. Für heutige Hörer dieser Texte wäre es eine Hilfe, wenn ihnen ein Töpfer bei der Arbeit gezeigt werden könnte. Die alten landwirtschaftlichen Bräuche und Techniken haben sich in zahlreichen Bibeltexten niedergeschlagen. Aber wer kann sich vorstellen, wozu eine »Worfschaufel«, eine »Tenne« und das Verbrennen der »Spreu« gut waren?

In einer Predigt über Lk 3,7–17 wurden drei Farbdias[1] zur Interpretation des Predigttextes herangezogen[2] und dazu folgendes gesagt:

Der heutige Predigttext ist seit alter Zeit in den christlichen Kirchen als Text für die Adventszeit vorgesehen. Weil sie die Zeit der Vorbereitung auf das Kommen des Heilands ist, kommt darin der Vorläufer Jesu zu Wort, der Täufer Johannes. Johannes predigte in der Wüste und taufte am Jordan, den wir hier sehen (Dia Nr. 65).

Während das Dia stehen blieb, erfolgte die Lesung von Lk 3,7–16.

Dia Nr. 79 (Einbringen der Ernte). Johannes hat auch vom Gericht Gottes gesprochen. Er hat es mit der Ernte verglichen. Zur Zeit Jesu wurde bei der Ernte sortiert. In manchen Gegenden der Erde ist es heute noch so üblich. Zunächst werden die Getreidehalme mit den Ähren zur Dreschtenne transportiert.

Dia Nr. 80 (Dreschen und Worfeln). Mit dem hölzernen Dresch-Schlitten werden die Körner aus den Ähren herausgedrückt. Nach dem Dreschen liegen die Getreidekörner und die Spreu, also die Hülsen und kleine Strohstücke, durcheinander auf einem Haufen. An Tagen, an denen ein kräftiger Wind bläst, wirft der Bauer mit einer Schaufel die Mischung aus Spreu und Körnern in die Höhe. Die leichte Spreu wird vom Wind zur Seite geblasen. Die schweren Körner fallen herunter. Diesen Vorgang hat Johannes als Vergleich verwendet, als er über Jesus sagte: »In seiner Hand ist die Worfschaufel, und er wird seine Tenne fegen und wird den Weizen in seine Scheune sammeln, die Spreu aber wird er mit unauslöschlichem Feuer verbrennen.«

## *Ein Schöpfungsgleichnis in der Predigt vor Augen stellen (»Dias zur Predigt«)*

Die biblischen Texte enthalten häufig Bilder und Vergleiche aus der Natur. Bei manchen ist es ausgesprochen schwierig, sie rein mit Worten so »anschaulich« werden zu lassen, wie es zu ihrem Verständnis nötig ist. Ein paar Dias können den Vorgang des altertümlichen Dreschens und Worfelns leichter erläutern als eine erklärende Rede. Es sollten aber auch neue Gleichnisse in unserer Zeit geschaffen werden.
Dabei können die Texte selber Anregungen geben. Über den neuen Leib bei der Auferstehung schreibt Paulus in 1 Kor 15,35–49. Er zieht als Vergleich den Vorgang des Säens heran, erwähnt das Weizenkorn und andere Samen, spricht vom Glanz der Sonne, des Mondes und der Sterne. Wer zu predigen hat, kann sich durch solche apostolischen Gleichnisse zu eigenen Gleichnissen ermutigen lassen.
In einer Osterpredigt über 1 Kor 15,35–44a wurde anhand von Farbdias die Entwicklung des Tagpfauenauges von der Raupe bis zum Schmetterling gezeigt. Dieser Verwandlungsvorgang der Natur fand in der Predigt als Gleichnis für Gottes Schöpfermacht Verwendung.
Die Predigt ist im Anhang dokumentiert (S. 118–121).
Oft ist es das eigene Hobby, das direkt der Predigt dienen kann. Wer Münzen sammelt, mag sich bildliche Darstellungen von Münzarten, die in der Bibel erwähnt werden[3], verschaffen. Die Motivfülle der Briefmarken aus aller Welt ist so groß, daß ein Briefmarkensammler wohl immer zwischen den Motiven seiner Sammlung und der Thematik seiner Predigten Beziehungen herzustellen vermag.
Ein Amateurornithologe kann zu Jer 8,7: »Der Storch unter dem Himmel weiß seine Zeit, Turteltaube, Kranich und Schwalbe halten die Zeit ein, in der

sie wiederkommen sollen«, Dias von Zugvögeln zeigen. Zu Ps 84,4: »Der Vogel hat ein Haus gefunden und die Schwalbe ein Nest...«, bieten sich Dias von Vögeln, die ihr Nest in Gebäuden angebracht haben, geradezu an.
Der botanisch Interessierte stößt in den biblischen Texten immer wieder auf Erwähnungen verschiedener Pflanzenarten.[4]

## *Ein bebildeter Lebenslauf als Teil der Predigt*

Die Vorliebe jugendlicher Hörer für Konkretes und Erzählendes wurde schon weiter oben erwähnt.[5] Ab und zu wird ja auch in Predigten von »Vorbildern«, z.B. beispielhaften Gestalten der Kirchengeschichte, erzählt. Ich halte es für möglich, solche Abschnitte durch den Einsatz von Dias eindrücklicher zu gestalten.
Für erzählende Hinweise auf beispielhafte Gestalten in der Predigt möchte ich folgende Anregungen geben.[6] Eine beispielhafte Gestalt, von der erzählt wird, sollte nicht losgelöst von ihrer Umgebung als Einzelheld dargestellt werden. Dietrich Bonhoeffer war nicht der einzige, der aus christlicher Überzeugung Gefangenschaft und Tod auf sich nahm. Er hatte Freunde und Mitverschwörer. Sein Bruder Klaus, sein Schwager Rüdiger Schleicher und Hans von Dohnanyi, der Mann seiner Schwester Christine, wurden ebenfalls verhaftet, gefoltert und ermordet. Martin Luther King demonstrierte nicht allein, und seine Frau Coretta hat an seiner Seite für die Gleichberechtigung der Farbigen gekämpft. Dem Hang zum Außerordentlichen und Spektakulären bei der Darstellung der Vorbilder sollte nicht nachgegeben werden. Auch der »Kleinkram« im Leben der als beispielhaft dargestellten Personen ist wichtig. Der Bevorzugung von Trägern eines geistlichen Amtes oder von Ordensangehörigen als Predigtbeispiele sollte entschlossen eine Absage erteilt werden. Vorbilder aus sogenannten »weltlichen« Bereichen kommen in Predigten viel zu selten vor. Besonders sollte das Gedenken an jene Zeugen des Glaubens und der Liebe gepflegt werden, deren Leben mit einzelnen Orten in der Nähe irgendwie verknüpft ist. Mitunter ergeben sich äußere Anhaltspunkte durch Namen von Straßen, Schulen oder Gemeindehäusern. Wo Lebensbilder in der Predigt (und im Unterricht) vorkommen, wird den Teilnehmern die Chance eröffnet, daß ihnen beim Anblick eines Straßenschildes in ihrer Stadt oder ihrem Dorf das Gehörte wieder einfällt.
Die Namen der beispielhaften Menschen sollten mit Bibelworten und Kirchenliedstrophen möglichst eng verknüpft werden. Sehr schön läßt sich der Zusammenhang von Biographie und Lied bei Johannes Zwick zeigen. Seine beiden Morgenlieder (EKG 336 und 337) gehören zeitlich und sachlich in seine seelsorgerliche Arbeit während der Pestzeit in Konstanz.

Wo Dias zur Verfügung stehen, lassen sich Erzählungen über beispielhafte Gestalten in der Predigt als »bebilderter Lebenslauf« veranschaulichen.
Mitunter wird die Predigt dann wesentlich länger als üblich dauern. Eventuell ist es dann nötig, den Gottesdienst nach der einfachen Liturgie des Predigtgottesdienstes statt nach der ausführlichen Liturgie des Hauptgottesdienstes in der Ordnung der Deutschen Messe zu halten.
Im Anhang ist eine Predigt zum Gedenken an Paul Gerhardt dokumentiert (S. 122–128). Dabei war die Verkündigung zweiteilig. Zunächst wurde anhand einzelner Dias ein Lebensbild Paul Gerhardts gegeben, dann folgte die Predigt als Auslegung eines Bibelwortes, das sich auf Paul Gerhardts Grabspruch bezog.

# XI Der Prediger als »confirmandus« in Glaube, Hoffnung und Liebe

**Der Prediger selber ist ein »confirmandus«. Er bedarf der stets neuen Vergewisserung seines Glaubens, der Stärkung seiner Liebe und der Zusage von Hoffnung.**

Wir sind Zeit unseres Lebens »Konfirmanden«, also Leute, die es nötig haben, befestigt, bestärkt und weitergeführt zu werden im Glauben, in der Hoffnung und in der Liebe. Das verbindet den Prediger mit seinen Hörern. Indem er erkennt, daß er selber der Stärkung bedarf und als unsteter und schwankender Mensch auf Festigung angewiesen ist, wird er mit seinen Konfirmanden solidarisch werden. Gerade als Theologe, der sich regelmäßig gründlich mit dem biblischen Text beschäftigt, wird er aus dem Staunen über die Unbegreiflichkeit dessen, was da von Gott zu hören ist, nicht herauskommen, sondern je älter er wird, desto mehr wird er ins Staunen hineinkommen.
Warum sollte ein Konfirmand alles begreifen, worum es in der Bibel geht? Gehört es nicht zur Größe der Heiligen Schrift, daß vor ihrem Geheimnis der theologisch geschulte Prediger als ebenso kleiner Anfänger steht wie der Konfirmand? H. Gollwitzer hat im Vorwort zu einem Predigtband[1] diese Solidarität des Predigers mit den Anfängern unter seinen Hörern bewegend zum Ausdruck gebracht: »Was mir gesagt wird und was ich jetzt weiterzusagen habe, ist immer viel mehr, als was ich von mir aus sagen könnte, viel mehr, als was ich schon erfahren habe, weiß und glaube. Immer ist es Unglaubliches, Unfaßliches, Unbegreifliches, was jetzt laut werden soll und wodurch bei uns miteinander, beim Prediger wie bei den Hörern, jetzt Anfänge des Glaubens, neuer Anfängerglaube und daraus Anfängernachfolge entstehen soll.«
Durch das, was viele Pfarrer mit ihren Konfirmanden erleben, werden ihr Glaube, ihre Hoffnung und ihre Liebe auf harte Proben gestellt. Nach manchen Unterrichtsstunden, aber auch nach Gottesdiensten, in denen die Konfirmanden als »Störfaktoren« wirkten, ist der Pfarrer auf die Stärkung seiner Hoffnung dringlich angewiesen. Fast alles, was er sieht und hört, belehrt ihn über die scheinbare Zukunftslosigkeit und Aussichtslosigkeit seines Einsatzes auf diesem Arbeitsfeld.

»Ebenso schlecht wie im Religionsunterricht benahmen wir uns in den Konfirmandenstunden ... Wir, etwa ein Dutzend evangelischer Gymnasiasten, hielten es für unter unserer Würde, mit Volksschülern, die wir von

Herzen verachteten, zusammen unterrichtet zu werden. Meist erschienen wir verspätet ... Wir kauften uns auf dem Wege manchmal auch geröstete Kastanien. Wir aßen sie während der Stunde und warfen die Schalen auf den Fußboden. Ständig beklagten wir uns, daß wir in den Bänken nicht sitzen könnten. Unbegreiflich bleibt mir, daß der Pfarrer sich das alles gefallen ließ. Konfirmiert wurde ich als ein völlig Ungläubiger. Wohl hatte ich mit meinem Bruder, der sich in der gleichen Lage befand, darüber gesprochen, ob wir die Konfirmation nicht verweigern sollten; wir wußten aber, daß mein Vater das nie verstehen würde und daß es eine furchtbare Auseinandersetzung gäbe. In mein Tagebuch schrieb ich am Abend des Konfirmationstages: ›Heute bin ich konfirmiert worden, obwohl ich doch weder an den Teufel noch an Gott glaube.‹ Ich war damals gerade 15 Jahre alt.«
Das schreibt Günther Dehn[2] im Rückblick auf seine Konfirmandenzeit, die er 1897 in Konstanz verbrachte. Diese Episode kann den Pfarrer aufrichten, der im Blick auf seine Konfirmanden trüben Gedanken nachhängen wollte. Aus einem jungen Menschen, der sich im Unterricht nicht nur schlecht benahm, sondern sich »als ein völlig Ungläubiger« konfirmieren ließ, wurde schließlich der langjährige Pfarrer einer Berliner Arbeitergemeinde und spätere Professor der Praktischen Theologie, der im Gefolge des Kirchenkampfes achtzehn Monate im Gefängnis saß, dazu als Pazifist in einer Zeit, in der diese Haltung weder in der Kirche noch in der Gesellschaft toleriert wurde, für seine Überzeugung eintrat.
Was aus seinem Konfirmanden Günther Dehn wurde, hat sein damaliger Pfarrer, »ein älterer und sicher wohlmeinender Mann«[3], wohl nicht mehr erfahren. Die Hoffnung, in der für diese Kastanienschalen werfenden Konfirmanden zu unterrichten und zu predigen war, blieb reine Hoffnung ohne Anhalt und Stütze am Sichtbaren. Solche beschwerlichen Erfahrungen, die der Umgang mit jungen Leuten eben auch mit sich bringt, gehören zur »hoffnungslosen Banalität der alltäglichen Lebenswelt« (vgl. Kapitel III, S. 22). Damit der Pfarrer nicht an diese »sattsam bekannten Erlebnisse« und sein »egozentrisches Interesse« an einem reibungslos verlaufenden und seine Nerven schonenden Konfirmandenunterricht ausgeliefert bleibt, ist er selber dringend angewiesen auf das »Unfaßliche«, was ihm selbst in der Bibel gesagt wird als der Name Gottes: »Ich bin für euch da.« Wie könnte er sonst auch zu der »Liebe zur Gemeinde« gelangen, die K. Barth zur »Voraussetzung der Predigt«[4] erklärt hat?
»Der Prediger kann sich gar nicht genug um den Hörer kümmern. Bei der Liebe gibt es kein Zuviel« (J. Rothermundt).[5]
»Die Liebe ist langmütig und freundlich ... sie sucht nicht das Ihre, sie läßt sich nicht erbittern, sie rechnet das Böse nicht zu, ... sie erträgt alles, sie glaubt alles, sie hofft alles, sie duldet alles« (1 Kor 13,4–7). Vor dem Kriterium einer so beschriebenen Liebe werden wir als Prediger alle zuschanden. Das Kriterium der Liebe bringt unsere homiletischen Laster ans Licht. Liebe deckt auf,

wie sehr wir Prediger ›confirmandi‹ sind, die dringend der Stärkung und Befestigung im Glauben, in der Hoffnung und in der Liebe bedürfen. Aber die gleiche Liebe Gottes trägt und erträgt auch unser homiletisches Stückwerk. »Wenn das Vollkommene kommt, wird die Predigt aufhören, erfährt man bei Paulus.«[6]

# Anhang

# Predigtbeispiele

## *Predigt, die Konfirmandenfragen aus dem Unterricht aufgreift*

### *Glauben – wie lange noch? – Lk 17,20–24*

Liebe Gemeinde!
Unsere Konfirmanden haben Fragen zum Thema »Gott« aufgeschrieben. Wenn man die 16 Blätter durchliest, stößt man immer wieder auf das Wort »Beweis«. Da schreibt ein Konfirmand: »Was beweist, daß es Gott gibt?« Ein anderer: »Gibt es Beweise, daß Gott einmal auf Erden war?« Ein dritter: »Was für feststehende Beweise gibt es, daß Gott wirklich existiert?«
Wenn ich jemand etwas beweisen kann, dann muß er das Bewiesene anerkennen. Ob er will oder nicht, er muß ja sagen. Man sagt ja auch, jemand sei »unter der Last der Beweise zusammengebrochen«. Vorher hat er behauptet: »Ich habe damit nichts zu tun.« Dann hat man aber einen Beweis nach dem anderen vor ihm aufgehäuft. Schließlich mußte er zugeben: »Was ich bisher behauptet habe, stimmt nicht.«
Wenn Gott Beweise für sein Dasein führen würde, dann müßten wir unter der Last der Beweise zusammenbrechen. Wer vorher behauptet hätte: »Gott ist eine Erfindung«, der müßte dann zugeben: »Was ich bisher behauptet habe, stimmt mit der Wirklichkeit nicht überein.«
Die Jugendlichen, und nicht nur sie, wollen Gott bewiesen haben. Eindeutige Beweise für Gottes Existenz will man zu sehen bekommen. Damit sind wir etwa in die Lage hineingeraten, die Jesus seinen Jüngern für die Zukunft vorausgesagt hat: »Es wird die Zeit kommen, daß ihr werdet begehren, zu sehen einen Tag des Menschensohns ...« Ein »Tag des Menschensohns« bedeutet in der Sprache der Bibel: Ein Tag, an dem Gott aus der Verborgenheit heraustritt. Dann werden ihm die Menschen in seiner ganzen Macht und Gewalt ohne jeden Schutz begegnen. Am Tag des Menschensohns bleibt uns keine andere Wahl. Da kann man nur staunen über die Größe Gottes. Da bleibt nichts anderes übrig, als Gott anzuerkennen. Da führt uns Gott den Beweis seiner Existenz. Dieser Beweis wird durch nichts zu widerlegen sein.

Glauben – wie lange noch? Kurz gesagt: So lange, bis Gott uns den zwingenden Beweis seiner Existenz führt. Glauben also bis zum Tag des Menschensohns. Den Tag des Menschensohns, an dem Gott sein Dasein beweist, haben wir alle noch vor uns. Aber jeder von uns geht diesem Beweis entgegen, indem er seinem Sterben entgegengeht. Und die ganze Menschenwelt geht diesem Beweis entgegen, weil ja Gott diese alte Welt vergehen läßt und mit einer neuen Schöpfung einen neuen Anfang machen wird.

In der Zeit, die diesem endgültigen Gottesbeweis vorausgeht, tragen wir alle an der Last, daß Gott unsichtbar ist. Manche tragen sehr schwer an dieser Unsichtbarkeit Gottes. Da kann es schon vorkommen, daß man sich sehnt nach der deutlichen Demonstration der Macht Gottes. Da wird jedes außergewöhnliche Ereignis daraufhin geprüft, ob es nicht eine Stärkung unseres Glaubens hergeben könnte. Auch das hat uns Jesus vorausgesagt: »Und sie werden zu euch sagen: Siehe da! Siehe hier!« Jeder wird als Stütze für seinen Glauben nach Ereignissen in der Welt und in der Kirche Ausschau halten, in denen er Gott am Werk sieht. Es gibt wohl solche Ereignisse, die unseren Glauben stützen können. Sie geben Hinweise auf Gottes Gegenwart. Für mich ist das Schicksal des Volkes der Juden ein Hinweis darauf, daß Gott in der Geschichte der Menschen am Werk ist – aber eben ein Hinweis, kein eindeutiger Beweis.

Beweise würden ja den Glauben überflüssig machen. Der Glaube ist ein freies Ja zu Gott. Ohne jeden Zwang kommt er zustande. Zwingende Beweise würden Glauben unnötig machen. Gott aber will, daß die Zeit unseres Lebens die Zeit unseres Glaubens sei. Während dieser Zeit des Glaubens erhalten wir keine Beweise *für* Gott, höchstens Hinweise *auf* Gott. Der Tag des eindeutigen Gottesbeweises steht uns noch bevor. An diesem Tag des Menschensohns wird die ganze Welt auf einen Schlag ihrem Schöpfer und Erlöser gegenübergestellt. Dann gibt es kein Ausweichen mehr. Jesus sagt: »Denn wie der Blitz oben vom Himmel blitzt und leuchtet über alles, was unter dem Himmel ist, also wird des Menschen Sohn an seinem Tage sein.« Nicht *ein* Ereignis unter vielen anderen wird das sein, sondern *das* Ereignis. Nicht etwas, was nur wenige beachtlich und interessant finden, während es andere für unwichtig halten, sondern *das* abschließende Ereignis der Menschheitsgeschichte. Dann tritt Gott aus der Unsichtbarkeit heraus und tritt seinen Geschöpfen sichtbar gegenüber. Dann ist Glaube nicht mehr nötig. Dann werden wir Gott sehen. Solange wir Gott nicht sehen, ist für uns Zeit des Glaubens. Paulus sagt: »Noch leben wir im Glauben und nicht im Schauen.« Aber die Zeit des Gott-Schauens wird kommen. Dann ist Glaube nicht mehr nötig.

Dann! Ja, wann denn? »Wann kommt das Reich Gottes?« Eine alte Frage. Schon die Pharisäer haben Jesus so gefragt: »Wann kommt das Reich Gottes?« Wann wird das eintreten, daß nur noch das geschieht, was Gott will, und zwar eindeutig und direkt? Wann wird das sein, daß wir nicht mehr unter der Zweideutigkeit aller menschlichen Handlungen zu leiden haben? Wenn man den Zeitpunkt wüßte, wenn man aus dem fragenden »wann?« ein eindeutiges »dann!« machen könnte, könnte man sich ja darauf einrichten. Man wüßte, wieviel Zeit einem im Leben für andere Dinge noch bleibt. Man könnte genau kalkulieren, ab wann man spätestens das andere zurücktreten lassen sollte, um sich vor allem auf die Begegnung mit Gott vorzubereiten. Der einzelne könnte sich darauf einrichten, wenn er den Zeitpunkt seines persönlichen Endes wüßte. Er würde dann entscheiden, wieviel von seiner Zeit er für sich persönlich verwenden wollte und wieviel er übrig lassen würde für Gott und für die Mitmenschen. Die Menschheit als ganze könnte sich ähnlich darauf einrichten, wenn sie den Zeitpunkt ihres Endes wüßte. Aber unser Schöpfer will nicht nur einen kleinen Teil unseres Lebens und unserer Lebenszeit für sich reservieren. Er erhebt Anspruch auf unser ganzes Leben. Gott will nicht, daß nur die letzte Generation vor dem Weltende ihn anerkennt. Solange die Erde bewohnbar ist, soll ihn jede Generation mit gleichem Ernst respektieren. Darum gibt Jesus keine Auskunft auf die Frage nach dem Wann. »Wann kommt das Reich Gottes?« Den Pharisäern antwortete Jesus seinerzeit: »Das Reich Gottes kommt nicht so, daß man's mit Augen sehen kann.« Das Reich Gottes kann man nicht vorausberechnen. Wenn es da ist, ist es da und beweist sich selber. Vorher ist es verborgen und führt keine Beweise für seine Existenz. Gottes guter Wille zwingt uns nicht durch Beweise, sich ihm zu unterwerfen. Gott wartet auf unser freies, ungezwungenes Ja zu seinem guten Willen. Gott wartet auf unseren Glauben. Glauben ist ein freies, ungezwungenes Vertrauen zu Gott. Wo ich Beweise verlange, habe ich kein Vertrauen.

Es gibt Bereiche des Lebens, wo man auf Beweisen und Sicherheiten bestehen muß. Wer etwa bei einem Vertreter an der Haustür leichtgläubig ist, handelt leichtsinnig. Es gibt andere Bereiche des Lebens, wo man keine Beweise verlangen darf. Dort tritt an die Stelle von Sicherheiten das Vertrauen. Enge Beziehungen zwischen Menschen werden durch Mißtrauen ruiniert. Wo zum Beispiel ein Ehepartner vom anderen Beweise seiner Treue verlangt, da wird die Ehe zerstört. Enge Bindungen zwischen Menschen werden durch Vertrauen begründet und durch Vertrauen erhalten. Bei der Bindung zwischen Gott und uns ist es nicht viel anders. Sie wird durch Vertrauen begründet und durch Vertrauen erhalten. In der Beziehung zwischen Gott und uns nennt man dieses Vertrauen »Glauben«.

Nun hat ein junger Mensch, etwa ein Konfirmand, einiges über Gott gehört. Soll er sich darauf einlassen? Er ist mißtrauisch. Er will *vorher* Beweise. Aber Gott ist wie die Liebe. Liebe läßt sich nicht beweisen. Aber sie läßt sich erfahren. Wer die beglückende Erfahrung machen will, daß es Liebe gibt, muß sich von einem anderen Menschen lieben lassen und muß ihn wiederlieben. Wenn er das nicht will, dann kann er über die Liebe etwas hören oder lesen; er wird aber nie erfahren, was Liebe ist. Daß Liebe eine Kraft ist, die sein Leben verwandelt, das wird er nie erleben.

Wer die Erfahrung machen will, daß es Gott gibt, sollte sich von Gott lieben

lassen. Er sollte Vertrauen haben zu Gottes Zusage: Ich bin euer himmlischer Vater. Wenn er das nicht will, dann kann er über Gott zwar manches hören – vielleicht im Konfirmandenunterricht – oder er kann manches lesen – vielleicht in der Bibel –, aber er wird nicht erfahren, daß Gott für ihn da ist. Daß Gott eine Kraft ist, die unser Leben verwandelt, werden wir nur erleben, wenn wir uns auf Gottes Wort einlassen.
Gott liefert uns keine Beweise dafür, daß er für uns da ist. Aber er läßt uns nicht im Ungewissen. Er läßt uns über seinen Willen nicht im Unklaren. Als die Pharisäer wissen wollten: »Wann kommt das Reich Gottes?« sagte Jesus: »Das Reich Gottes ist mitten unter euch.«
In der Person Jesu ist das Reich Gottes mitten unter euch. Wenn sich Jesus um die Not eines Querschnittsgelähmten kümmerte, dann geschah in diesem Augenblick Gottes Wille völlig unverfälscht. Das Tun Jesu stellte das Reich Gottes dar. Wenn sich Jesus mit den Zöllnern zusammensetzte, über die damals die meisten Leute nur schimpften und verletzende Bemerkungen machten, dann geschah in diesem Augenblick Gottes Wille völlig unverfälscht. Das Tun Jesu stellte das Reich Gottes dar. Wenn sich Jesus dem Verbrecher zuwandte, der neben ihm gekreuzigt wurde, und wenn er ihm in seiner Todesstunde die Vergebung für sein verpfuschtes Leben zusagte, dann geschah in diesem Augenblick Gottes Wille. Das Tun Jesu stellte das Reich Gottes dar.
Wenn wir nach einem Halt suchen für unseren Glauben, dann verweist uns die Bibel an Jesus Christus. Wenn wir wissen wollen, was das Reich Gottes ist, dann sagt die Bibel: Was Jesus verwirklicht hat, das ist das Reich Gottes. Zur Zeit Jesu war das nur für wenige Menschen erkennbar. Aber am Ende der Zeit wird Christus es voll verwirklichen. Dann nicht nur für einige wenige Menschen, sondern für alle Welt. Der Tag kommt, an dem Gott endgültig auf seine Unsichtbarkeit verzichtet. Der Tag kommt, an dem Gott den zwingenden Beweis führt, daß er da ist. Bis dahin halten wir uns an das klare Bild des Willens Gottes, das wir in den biblischen Berichten über Jesus besitzen. Bis dahin werden die Berichte über Jesus weitergesagt und weiter ausgelegt werden. Bis an das Ende der Welt werden diese Berichte bei immer neuen Menschen Glauben finden.
Nie hat Jesus versprochen, daß seine Gemeinde groß sein wird. Aber er hat versprochen, daß durch alle Zeiten hindurch eine Gemeinde da sein wird. Bei dieser Gemeinde wird der Glaube an das Reich Gottes lebendig bleiben. In diesem Glauben singen wir: »Gott liebt diese Welt, er wird wiederkommen, nicht nur für die Frommen, nein für alle Welt« (Walter Schulz). Amen.

## *Thematische Predigt über eine Konfirmandenfrage*

*»Warum sind Sie Pfarrer geworden?«*
*»Zu Christus kommen« – Mt 11,28–30*

Am Sonntag vor der Konfirmation wurde in einem Gemeindegottesdienst anhand einer Reproduktion des Hundertguldenblattes von Rembrandt mit den Konfirmanden ein Gespräch geführt. Auf das Gespräch folgte eine Predigt über Mt 11,28–30:

Liebe Gemeinde!
Die Konfirmanden haben mir einmal die Frage gestellt: »Warum sind Sie Pfarrer geworden? Interessiert Sie der Beruf so sehr?« Die Antwort auf diese Frage habe ich für den heutigen Gottesdienst aufgehoben. Daß ich Pfarrer geworden bin – das hängt nämlich zusammen mit dem Bibelwort, das uns die Konfirmanden in vier verschiedenen Übersetzungen vorgelesen haben. Christus sagt: »Kommt her zu mir alle, die ihr mühselig und beladen seid; ich will euch erquicken.«
Interessiert Sie der Pfarrberuf so sehr? Ja, der interessiert mich sehr, denn hier habe ich es mit Menschen zu tun. Nicht mit Auspufftöpfen wie ein Automechaniker; nicht mit Reagenzgläsern wie ein Chemiker – ursprünglich wollte ich Bio-Chemiker werden –; nicht mit Briefen und Paketen habe ich es zu tun wie viele Angestellte bei der Post; nicht mit Nierensteinen wie ein Facharzt für Urologie. Nein, mich reizte der Mensch. Und zwar der Mensch als ganzer. Mit allem, was dazugehört: mit Leib und Geist und Seele.
Da ich für den ganzen Menschen dasein will, hätte ich vielleicht auch Lehrer werden können. Aber ein Lehrer ist von Berufs wegen für die Jugend da, also auch wieder nur für eine Gruppe von Menschen. Der Beruf des Pfarrers ist einer der wenigen Berufe, in denen man mit Menschen aller Altersstufen, aller Schichten, mit Leuten verschiedenster Bildung und Ausbildung zu tun hat. Zu den Hauptaufgaben eines Pfarrers gehört es geradezu, Menschen, die sonst nichts miteinander zu tun haben, zu gemeinsamem Tun zu bewegen und Leute, die sonst uninteressiert nebeneinander herleben, füreinander zu interessieren. Wo gibt es das sonst noch in unserer Zeit, daß es zur beruflichen Aufgabe gehört, sich gleichzeitig an Sonderschüler und Studenten zu wenden, an Putzfrauen und Lehrerinnen, an Maschinisten und Prokuristen, an Pensionäre und Lehrlinge, an leistungsfähige Sportskanonen und an schonungsbedürftige Kranke!? Ja, diese alle miteinander ins Gespräch zu bringen und einzuladen zu gemeinsamem Tun – das ist eine reizvolle Aufgabe!
Die Menschen in unserer Zeit zerfallen in Altersgruppen oder Berufsgruppen, Interessengruppen, soziale Schichten. Schon unsere Konfirmanden besuchen

vier verschiedene Schultypen. Da werden Schranken aufgerichtet. Man wird sich fremd, hat sich nicht mehr viel zu sagen. Die Menschen streben auseinander in verschiedene Richtungen. Ein Pfarrer hat die Aufgabe, Menschen zusammenzuführen. Er will Aufmerksamkeit füreinander wecken, außerdem Verständnis und Hilfsbereitschaft.

Das ist das Interessante an meinem Beruf, das, was mich so reizt: Hier werden Menschen nicht sortiert nach verschiedenen Merkmalen. Hier werden Menschen angesprochen auf das, was ihnen allen gemeinsam ist. Gemeinsam ist allen Menschen, daß Christus uns ruft: »Kommt her zu mir, die ihr mühselig und beladen seid!« Gemeinsam ist allen Menschen, daß ihnen die Gemeinde Jesu als Heimat offensteht. Jesus ist für alle da. Er sieht uns als Leute, die sich abmühen mit vergeblichen Dingen und sich selber beladen mit Aufgaben und Sorgen. Jesus ist für alle da, denn er interessiert sich nicht für unsere Antworten, sondern für unsere Fragen. Er erkundigt sich nicht nach unserer Selbstsicherheit, sondern nach unserer Unruhe. Jesus fragt die Frauen nicht nach der Korrektheit ihrer Haushalte, auch nicht danach, ob sie ihre Modernität und Tüchtigkeit durch eine zusätzliche Berufstätigkeit unter Beweis stellen – Jesus fragt nach ihrer Müdigkeit und inneren Leere. Er fragt uns Männer nicht nach unseren beruflichen Erfolgen, sondern er fragt nach jenen Augenblicken unseres Lebens, in denen wir die Stimme unseres Gewissens unterdrückt haben, um schneller vorwärtszukommen oder unseren Platz zu behaupten. Jesus fragt unsere Jugendlichen nach ihrer geheimen, ungestillten Sehnsucht, nach ihrem Sehnen nach Werten, die verlockender sind als die Lebensinhalte, denen sich die Generation der Eltern meistens verschrieben hat. Jesus fragt nach jener Wehmut unter der Jugend, die sich weder durch Arbeit noch durch Gammelei in Glück verwandeln läßt, auch nicht durch Selbstzucht und erst recht nicht durch zügellose Ausschweifung.

Alle ruft Christus zu sich. Denen, die kommen, verspricht er Entlastung, Erfrischung, ruhige Gelassenheit. Wenn Christus ruft, wird niemand ausgeschlossen. Aber nun könnte ja einer fragen: Wie kann ich denn *heute* zu Christus kommen? Damals, als Jesus das sagte, da war es ja klar! Da war Jesus ein sichtbarer Mensch unter Menschen! Aber heute? Wie ist Jesus heute gegenwärtig? Wo kann man heute zu ihm kommen? An einer anderen Stelle im Matthäus-Evangelium (18,20) sagt Jesus: »Wo zwei oder drei versammelt sind in meinem Namen, da bin ich mitten unter ihnen.« Darin steckt die Antwort auf die Frage, wie Jesus heute gegenwärtig ist und wie man heute zu ihm kommen kann. Wo Menschen sich im Namen Jesu versammeln und sich den Worten aussetzen, die Jesus gesagt hat, da ist er unsichtbar, aber wirksam dabei. Darum ist es meine wichtigste Aufgabe als Pfarrer, daß ich dafür sorge, daß Menschen im Namen Jesu zusammenkommen. Auch wenn es nur zwei oder drei sind; wenn auf das Wort Jesu gehört wird, ist Jesus mit dabei. Aber er ist natürlich auch dabei, wenn es 20 oder 30 oder mehr sind.

Das ist die Aufgabe, die ich als Pfarrer habe: Mithelfen, daß der einladende Ruf

Jesu heute weitergegeben wird. Christus sagt: »Kommt her zu mir alle, ich will eure Last abnehmen.« Christus sagt: »Ich quäle euch nicht und sehe auf keinen herab. Stellt euch unter meine Leitung und lernt von mir, dann findet euer Leben Erfüllung.« Amen.

## *Im Team mit Laien auf Konfirmandenfragen Antwort suchen*

### *»Warum glauben wir an Gott, obwohl wir ihn noch nie gesehen haben?«*

Zu diesem Themenbereich waren im Konfirmandenunterricht folgende Fragen aufgeschrieben worden:
Woher will man wissen, daß es Gott gibt? Gibt es Gott? Gibt es Beweise, daß er einmal auf der Erde war?
Gibt es Gott überhaupt? Kann man Gott mit eigenen Augen sehen und wahrnehmen? Hat ihn schon jemand gesehen? Hört man ihn sprechen? Was beweist, daß es Gott gibt?
Ich selber glaube an Gott. Aber noch kein Mensch hat Gott gesehen; und da habe ich manchmal Zweifel, ob es Gott überhaupt gibt. Sind diese Zweifel berechtigt?
Das Folgende ist die Nachschrift einer Tonbandaufzeichnung.

Liebe Gemeinde!
Das Thema unserer heutigen Verkündigung haben wir unseren Konfirmanden zu verdanken. Sie haben viele Fragen aufgeschrieben und diese dann eingeteilt in wichtige und weniger wichtige. Die meisten Fragen sind zum Thema »Gott« gestellt worden. Sie lassen sich zusammenfassen in der einen Frage: »Warum glauben wir an Gott, obwohl wir ihn noch nie gesehen haben?«
Darüber sprechen nun außer mir noch drei weitere Mitglieder des Ältestenkreises. Zuerst Frau K., dann Herr H., als dritter Herr Dr. J., zum Schluß ich selber.
Heute habe ich keinen Talar angezogen. Der Talar soll ja nur deutlich machen, daß sein Träger mit der Verkündigung beauftragt ist. Heute stehen mir bei dieser Aufgabe drei Kirchenälteste zur Seite. Alle vier tun wir das gleiche. Ich habe als Pfarrer das Glück, in einer Gemeinde zu sein, die mich bei der Aufgabe der Verkündigung auf verschiedene Weise kräftig unterstützt. Darüber bin ich sehr froh. Ich bitte nun Frau K., als erste zu dem Thema zu sprechen »Warum glauben wir an Gott, obwohl wir ihn noch nie gesehen haben?«

*Frau K.*: Diese Fragen stellen nicht nur unsere Konfirmanden. Wir alle, so alt wir auch sind, werden immer wieder von der Frage nach Gott, seiner Existenz, seinem Wirken, in unserem Glauben bedrängt. Der Tenor eurer Fragen heißt: Wie kann ich an Gott glauben, wenn ich ihn nicht sehen kann? Daraus folgt dann: Was man nicht sehen kann, das gibt es nicht. Habt ihr schon einmal elektrischen Strom gesehen? Röntgenstrahlen? Euren Verstand? Oder euer Vermögen, etwas zu behalten, also ich meine das Gedächtnis? Oder Freude und Kummer oder die Liebe eurer Eltern? Oder die Liebe zu einem Freund? Es sind also Kräfte in unserem Leben wirksam, die wir nicht sehen können, die es aber unbestritten gibt, auf die wir uns sogar verlassen können. Ist es nicht auch möglich, zu denken, daß es Gott gibt? Obwohl er unsichtbar ist?
Jetzt wirst du sagen: Ja, das schon; aber daß er als unsichtbare Kraft in meinem Leben wirkt, wie es bei den Beispielen fraglos der Fall ist, diese Erfahrung habe ich nicht. Nun, da glaube ich, müssen wir einfach das Wagnis mit eingehen. Den Mut haben, uns auf ihn zu verlassen, ihm etwas zuzutrauen, zu vertrauen, was ja eigentlich dasselbe ist wie glauben.
Am schönsten kommt meines Erachtens das Wesen Gottes und seine Gegenwart in Psalm 139 zum Ausdruck. Ich möchte hier nur einen Vers anführen: »Von allen Seiten umgibst du mich und hältst deine Hand über mir. Solche Erkenntnis ist mir zu wunderbar und zu hoch, ich kann sie nicht begreifen.« In diesem Gefühl der Geborgenheit macht Gott uns fähig zur Liebe füreinander. Er verändert uns, auch in unserer Einstellung zum Leben. Wir lernen seinen Sinn erkennen. Insofern ist Gott Liebe. Zwei Verse in unserem Text, den wir vorhin gehört haben, möchte ich nochmals wiederholen, weil es die beiden Verse so eindringlich sagen: »Niemand hat Gott jemals gesehen. Wenn wir uns untereinander lieben, so bleibt Gott in uns, und seine Liebe ist völlig in uns. Gott ist Liebe, und wer in der Liebe bleibt, der bleibt in Gott und Gott in ihm« (1 Joh 4,12+16b).

*Herr H.*: Auf der Suche nach Gott bietet sich uns auch die Natur als Gottes Schöpfung an. Wir kennen alle die Liedstrophe: »Was nah ist und was ferne, von Gott kommt alles her, der Strohhalm und die Sterne, das Sandkorn und das Meer.«
Auch die Geschichte ist voller Hinweise, daß Gott am Werk ist. Denken wir zum Beispiel an die eigenartige Geschichte Israels, die bis heute die Welt erschüttert. Durch die Ölkrise sind auch wir in dieses Geschehen mit hineingezogen. Bei der Geschichte ist es jedoch wie bei der Natur: Sie ist gütig und grausam. Schönes und Häßliches, Blühen und Vergehen befinden sich nahe beieinander. Doch mögen uns Natur und Geschichte auch viele Rätsel aufgeben, es gibt eine Stelle, wo das Licht in der Finsternis aufleuchtet. Das ist geschehen, als vor fast 2000 Jahren Christus zu uns auf die Welt getreten ist. In ihm erkennen wir das verborgene Geheimnis Gottes. In 2 Kor 4,4 heißt es:

»Christus ist das Ebenbild Gottes.« Die »Gute Nachricht« übersetzt: »in Christus wird Gott selber sichtbar«. Oder Joh 1,18: »Niemand hat Gott je gesehen; der eingeborene Sohn, der hat ihn uns verkündigt.«
Folgende Darstellung eines unbekannten Verfassers hat mich sehr beeindruckt. Ich zitiere:
»Er wurde in einem armseligen Dorf als Kind eines Bauernmädchens geboren. Bis zu seinem 30. Lebensjahr arbeitete er in einer Zimmermannswerkstatt. Dann lebte er drei Jahre als Wanderprediger. Er hat nie ein Buch geschrieben, nie ein Amt bekleidet, er hat keine Familie gegründet und nie ein Haus besessen. Er hat keine Schule besucht. Er hat sich niemals weiter als 300 Kilometer von seinem Geburtsort entfernt. Er hat nichts von alledem getan, was gewöhnlich Größe ausweist. Sein einzige Beglaubigung war er selbst. Er war erst 33 Jahre alt, als sich die öffentliche Meinung plötzlich gegen ihn kehrte. Seine Freunde liefen weg. Er wurde zwischen zwei Dieben an ein Kreuz genagelt. Nach seinem Tod stellte ein mitleidiger Freund ihm sein Grab zur Verfügung. 1900 Jahrhunderte kamen und gingen, und heute ist er die zentrale Gestalt des Menschengeschlechts. Ich behaupte nicht zuviel, wenn ich sage, daß alle Heere, die je marschierten, alle Flotten, die je die Meere befuhren, alle Parlamente, die je tagten, alle Könige, die je regierten, zusammengenommen das Leben der Menschen nicht so stark beeinflußt haben wie dieser eine Menschensohn.« – Soweit das Zitat.
Viele haben nun spontan und freudig bekannt, es sei ihnen am Leben Jesu die Größe und Herrlichkeit Gottes aufgegangen. Auf der anderen Seite kann man feststellen: Selbst seinen Gegnern fiel es schon immer schwer, von ihm loszukommen. Vor allem auch an der grenzenlosen Liebe, mit der unser Heiland in seinem Leben für die Armen, Kranken und Ausgestoßenen eintritt, erkennen wir die Wirkungen des unsichtbaren Gottes. Jesus hat mit der Wirkung des unsichtbaren Gottes in einzigartiger Weise gerechnet und in Freude und Leid zum Vater aufgeschaut. Aufgrund dieser göttlichen Kraftquelle ist das Leben Jesu in Wort und Tat von einer außerordentlichen Wirksamkeit. Als gehorsamer Gottessohn opferte er sich für uns alle durch den Tod am Kreuz. Fragen wir uns doch: Wer anders als Gott kann für diese Großtat der Liebe verantwortlich sein?
Aber, was nützt das uns? Wie kommen wir zu der Gewißheit, daß das Wirken und Leben Jesu uns bei der entscheidenden Frage »Woher weiß ich, daß es Gott gibt?« weiterhilft? Es geht uns bei unserer Begegnung mit Jesus nicht anders, als wenn wir einem Menschen begegnen und anfangen, ihm unser Vertrauen zu schenken. Wir verhalten uns üblicherweise erst ablehnend, kritisch, abwartend, bis wir von der Begegnung in zunehmendem Maße beeindruckt werden. So entsteht schließlich Zuneigung, Liebe und Vertrauen.
Um Jesus unser Vertrauen zu schenken, gibt es nur einen Weg: den Weg der persönlichen praktischen Erprobung. Wer nur interessiert diskutieren will, der wird immer Zuschauer bleiben.

Wir müssen also die Verbindung zu ihm aufnehmen, denn nur durch ständigen Kontakt kann dieser ewige Lebensstrom fließen und Wirkungen sichtbar machen, die für uns entscheidend sind.

*Dr. J.*: Einer von euch hat gefragt und geschrieben: »Ich selber glaube an Gott. Aber noch kein Mensch hat Gott gesehen, und da habe ich manchmal Zweifel, ob es Gott überhaupt gibt.« Diese Frage hat mich persönlich stark angesprochen, so daß ich auf sie hören muß. Denn auch in meinen jungen Lebensjahren hätte ich so fragen können wie er. Ich kenne von meinen Gesprächspartner nur diese Aussage, gesehen habe ich ihn nicht.
Hier redet einer von sich selber. Wir hören nicht das ungewisse Wort »man«, sondern er sagt: »ich selber«, und steht aufrecht für seine Frage ein. Zwei Worte hat er mit seinem Gedankengang verbunden: »Glaube« und »Zweifel«. Ich selber habe manchmal Zweifel, so heißt es. Aber schließen sich Glaube und Zweifel nicht gegenseitig aus? Entweder glaubt einer, oder er zweifelt. Dazu eine kurze Besinnung. Was sagt das Wort »Zweifel« in unserer Sprache? Darin steckt unsere Zahl zwei. Wer zweifelt, erlebt sich im Zwiespalt und in der Ungewißheit, welche von zwei Möglichkeiten zutrifft. Wie bei unserer Betrachtung: mit Gott oder ohne Gott. Diese Ungewißheit verwirrt zunächst. So erzähle ich von einem Gespräch zwischen zwei Nachbarn Peter und Hans. Peter fragt: »Sag mal, ist es einem Christen erlaubt, zu zweifeln?« Darauf erwidert Hans: »Sonderbare Frage! Es ist so, als ob du fragen würdest: Ist es erlaubt, daß kleine Kinder, die erst laufen lernen, hinfallen? Gehört ihnen dafür nicht Schelte oder gar Strafe?« »Gewiß nicht«, räumt Peter ein, »denn wenn ich schelten würde, dann würde das Kind gar kein Zutrauen zu sich gewinnen. Es würde womöglich hoffnungslos liegenbleiben und schreien.« Ich weiß von einer Mutter, die ihrem hingefallenen schreienden Kind zurief: »Komm her, ich heb dich auf.« Und das Kind vergaß, liegenzubleiben, und merkte erst hinterher, daß es ohne Mutters Hilfe ganz von allein in die Höhe gekommen war und aufrecht dastand.
Zurück zu unserem Gespräch zwischen Peter und Hans. Peter: »Ist es also gut, an allem zu zweifeln?« »Vorsicht«, meinte Hans, »es gibt zweierlei Zweifel. Denk an die Naturwissenschaft. Wer forscht und denkt ›jetzt weiß ich Bescheid‹, neben dem hockt immer der Zweifel, ob er auch recht behält, und jeder Kollege in seiner Wissenschaft ist geradezu verpflichtet zu fragen: Irrt der sich womöglich? In der Wissenschaft steht der Wahrheit immer der Irrtum gegenüber. Entweder es ist wahr, oder es stimmt nicht.«
Doch darum geht es bei meinem unbekannten Gesprächspartner nicht. Er hat erfahren, daß er auf Gott zulaufen kann mit aufrechten, festen Schritten. Unterwegs stolpert er und fällt – wohin? In den Zweifel fällt er. Angst und bange kann ihm werden bis an den Rand der Verzweiflung. Er denkt womöglich: Ich hatte doch ein ganz anderes Bild von Gott, als von einem, der mich mit seiner Hand hält. Gibt es also diesen Gott nicht?

Nun gibt er sich Mühe, und siehe da, er kommt wieder auf die Beine. So kann es jedem von uns gehen. Womöglich meinen wir, es genüge, besser aufzupassen, die Hindernisse, zum Beispiel Steine im Weg, vorher zu betrachten und wahrzunehmen. Das genügt nicht. Nach dem Hinfallen geht es weiter. Gott ist eben anders. Ganz leise spüren wir zwar den Zweifel wie einen Stein im Schuh. Wir haben schlechte Erfahrungen gehabt. Das bohrt und drückt, während wir ausschreiten. Doch es wird schon gehen! Aber hoppla, diesmal war es eine Wurzel, die uns zu Fall gebracht hat. Aber, Gott sei Dank, wir haben doch schon die Erfahrung, daß wir uns schnell wieder aufrichten können. Zwar bleibt uns der Zweifel. Er geht eigentlich immer mit. Aber wir nehmen unseren Weg hoffnungsfroh unter die Füße. Der Weg ist nicht glatt und eben, dieser Lebensweg. Aber wir haben erfahren: Es ist eine gewisse Macht in uns, die uns Mut macht, fortzugehen, ohne daß wir beständig fürchten müssen, womöglich liegenzubleiben und uns am Ende am Wegrand einzurichten und gar nichts weiter vorzuhaben; nicht Sehnsucht noch Verlangen, weiter und höher zu kommen. Dieser kleine, aber eben sichere Platz, wo man nicht fallen kann, ist unser. Wir werden glücklich sein. Ich denke mir meinen unbekannten Gesprächspartner, und er würde sagen: »Langweilig wäre dieser sichere Platz.« Und er dürfte sich anders verhalten. Er hat es gelernt. Mein Vertrauen oder – was hier dasselbe ist – mein Glaube an Gott wird den Zweifel nicht los. Alle Morgen neu muß ich wach sein, wenn ich den Tageslauf beginne. Ich werde vom Zweifel sogar wach gehalten, damit ich das Vertrauen auf Gottes Gnade, die mir gilt, immer stärker mache. Es ist zu bedenken, daß Gott der Gesprächspartner für alle Menschen zugleich ist. Und der Mensch ist zugleich ein aufrechter und ein hinfälliger Mensch. Er ist zugleich ein Glaubender und ein Zweifler.
Wer einmal im Laufen eingeschlafen ist, wie es mir einmal im Krieg widerfuhr, der weiß, was dann passiert. Aber Gott ist treu und läßt mich nicht liegen. Mein Zweifel gehört unabdingbar zu meinem Glauben dazu.

*Pfarrer*: Die Frage, zu der ich zum Schluß Stellung nehme, ist kurz, aber inhaltsschwer: »Gibt es Gott?«
Gibt es Mäuse, die fliegen können? Gibt es im Salzert-Wald Orchideen? Gibt es Leben in Form von Bakterien auf dem Jupiter? So kann man fragen. Erhält man als Antwort ein »ja«, dann ändert sich überhaupt nichts im Leben dessen, der gefragt hat. Wenn mir jemand beweist, daß es Fledermäuse gibt, so hat dies keine Folgen für mein Leben. Wenn mir jemand Orchideen im Salzert-Wald zeigt, bin ich hinterher der gleiche Mensch wie vorher. Ob es auf einem fernen Planeten Bakterien gibt oder nicht, ist mir im Grunde egal.
Die Frage »Gibt es Gott?« ist von ganz anderer Art als die eben genannten Fragen. Wenn ich die Frage nach Gott bejahe, dann ändert sich zugleich mein Leben. Das Neue Testament sagt: »Niemand hat Gott jemals gesehen. Wenn wir uns untereinander lieben, so bleibt Gott in uns, und seine Liebe ist völlig in

uns« (1 Joh 4,12). Wenn ich also die Überzeugung gewinne, daß Gott da ist, dann verändert sich zugleich mein Verhalten. Gott ist nicht an sich da, sondern Gott ist für mich da. Aber nicht nur für mich, auch für andere. Gott ist Liebe. Er liebt auch mich – aber nicht nur mich, er liebt auch die anderen. Gott ist der, der mein Leben verändert. Ich kann nicht warten, bis mir irgend jemand den Beweis geführt hat, daß es Gott gibt, und kann hinterher dann glauben wollen. Nein, ich muß selber den Glauben riskieren, weil ich sonst nie die Gewißheit bekomme, daß Gott für mich da ist. Ich muß mich selber engagieren, suchend und fragend. Ich muß mich selber vertiefen in die Berichte von Menschen, die in ihrem Leben Wirkungen Gottes erfahren haben. Ich muß mich selber dem aussetzen, was in der Bibel von Gott berichtet wird.

Darum brauchen wir zum Glauben eine christliche Gemeinde. In der Gemeinde kommt man zusammen, um nach Gottes Willen zu fragen. Man überprüft anhand der Bibel kritisch die eigene Lebensweise. Man fragt, wie Gott jetzt unser Leben verändern will. Wo Glaube wachsen soll, braucht er Kraft. Wo kriegt er sie her? Der Glaube bezieht seine Kraft aus den Berichten über die sichtbaren Wirkungen des unsichtbaren Gottes. Wirkungen Gottes sind zu finden in der erstaunlichen Geschichte des Volkes Israel im Alten Testament und vor allem in der einzigartigen Geschichte Jesu im Neuen Testament. Sichtbare Wirkungen Gottes finden sich auch im Leben von Menschen, die heute an Gott glauben und in der Liebe leben.

Deshalb bezieht der Glaube seine Kraft auch aus der Gemeinschaft mit anderen Menschen, die nach Gott fragen.

Wer hier sucht, der wird finden. Wer hier anklopft, dem öffnet sich die Tür zum Glauben. Jesus sagt: »Suchet, so werdet ihr finden; klopfet an, so wird euch aufgetan; wer da sucht, der findet, und wer da anklopft, dem wird aufgetan« (Lk 11,9–10). Amen.

## *Fachwissen als Kontext der Predigt*

A Behindert sein (Information durch ein sachkundiges Gemeindemitglied)

B »Die Lahmen werden springen wie ein Hirsch« (Predigt über Jes 35,3–6a)

C Was können wir tun? (Ergänzende Informationen durch ein sachkundiges Gemeindemitglied)

A) Behindert sein – was bedeutet das für die Betroffenen?

In jeder Gemeinschaft lebt eine größere Zahl von Menschen, von Kindern und Erwachsenen, die ohne ihr eigenes Verschulden in ihrem Leistungsvermögen benachteiligt sind. Wir sprechen von ihnen als den Behinderten und meinen die geistig, körperlich oder seelisch Behinderten. Sie sind eine Randgruppe unserer Gesellschaft, für die wir uns als Christen mitverantwortlich fühlen sollten.
Im Straßenbild sieht man die körperbehinderten Kinder relativ selten; der Außenstehende unterschätzt deshalb die Zahl der Betroffenen. Sie sind auch nirgends einheitlich erfaßt. Trotzdem wurden uns jedoch in unserer Arbeit etwa 150 Kinder aus unserem Kreisgebiet bekannt. Es sind Kinder mit ganz verschiedenartigen und verschieden schweren Körperbehinderungen oder Bewegungsstörungen: Unfallgeschädigte, Querschnittsgelähmte, Kinder und Jugendliche mit Schädigungen durch Kinderlähmung, Kinder, die an fortschreitendem Muskelschwund leiden, Kinder mit verkrüppelten Gliedmaßen und die spastisch gelähmten Kinder. Sie machen den größten Teil der Körperbehinderten aus. Erfahrungswerte der Mediziner bestätigen, daß auf 1000 Geburten 3–4 Spastiker kommen. Es sind dies Kinder, bei welchen vor, während oder kurz nach der Geburt Gehirnzellen durch Sauerstoffmangel oder durch eine Infektion geschädigt wurden.
Wenn nun ein solches Kind zur Welt kommt, weiß die Mutter und auch der Arzt oft noch nichts von seinem späteren Schicksal. Nach den ersten Lebensmonaten werden dann meist von den Eltern oder auch von Ärzten Entwicklungsstörungen festgestellt. Das Kind zeigt vielleicht unnatürliche Reflexbewegungen, lernt nicht den Kopf zu heben, krabbelt nicht, beginnt nicht zu greifen; es kann in ganz verschiedenen Bewegungsfunktionen gestört sein.
Wenn die Eltern nun Glück haben, wird die Störung früh erkannt. Dazu bedarf es aber geschulter Ärzte. Vielen Menschen hätte das Leben eines Schwerbehinderten erspart werden können, wäre frühzeitig die richtige Diagnose gestellt und dann auch sofort und intensiv behandelt worden. Denn durch eine besondere krankengymnastische Therapie können in den ersten Lebensmonaten andere Gehirnzellen Funktionen übernehmen und sekundäre

Schädigungen, wie die Verformung der Gliedmaßen, weitgehend eingedämmt werden.
Die Behandlung selbst fordert von den Familienmitgliedern die ersten Opfer. Das Kind muß nun auf Jahre hinaus mehrmals wöchentlich zu den verschiedenen Behandlungen und Spezialärzten gefahren werden. Für Mütter, die selbst nicht fahren können oder die mehrere Kinder zu versorgen haben, wird dies oft zu einer großen Belastung.
Die Mutter muß außerdem mit dem Kind täglich selbst üben, wenn die Therapie Erfolg haben soll. Manchmal fehlt es ihr an der nötigen Kraft, an der Einsicht in die Notwendigkeit oder an der notwendigen Ausdauer.
Meist konzentriert sich jedoch die Mutter mit ihrer ganzen Kraft und Aufmerksamkeit auf ihr behindertes Kind; die Geschwister werden dann oft vernachlässigt, und es kommt zu Spannungen in der Familie.
Zu den Anstrengungen der Behandlung kommen noch die Auseinandersetzungen mit den Behörden wegen der anfallenden Kosten. Eltern unseres Vereins empfinden dies als eine der größten Belastungen. Immer wieder müssen Anträge gestellt werden, Einkommens- und Vermögensverhältnisse dargelegt und um selbstverständlich erscheinende Kassenleistungen gerungen werden. Viele Stunden werden auf Behörden und vor Amtsstuben verbracht, Zeiten, die der Familie zusätzlich fehlen.
Zu Geselligkeiten und Kontakten mit anderen Familien reicht es wegen der außergewöhnlichen Belastungen oft nicht mehr.
Auch distanziert sich die Umgebung meist von selbst von den Familien mit behinderten Kindern, sei es aus Vorurteilen oder auch nur aus ihrer Unsicherheit gegenüber Behinderten. Dieses Sich-Absondern greift nach Aussagen verschiedener Eltern bis in die nächste Verwandtschaft hinein, was die Betroffenen besonders schmerzlich berührt. In vielen Fällen bringen Außenstehende der Familie mehr Verständnis entgegen als die Verwandtschaft. Eine Mutter gestand mir neulich: Ich scheue mich, Hilfe fremder Leute in Anspruch zu nehmen, denn ich habe am Ort vier Schwestern und meine Mutter. Wenn ich sie aber um einen Gefallen für mein Kind bitte, haben sie meist Ausreden.
Die gesellschaftliche Isolation dieser Familien wirkt sich zusätzlich negativ auf die Entwicklung des Kindes aus. Außerdem fehlen vielfach die normalen Kontaktmöglichkeiten mit der Umwelt.
Wenn andere Kinder eingeladen werden, sitzen die Behinderten meist daheim. Unbehinderte Kinder können einen Kindergarten besuchen, dort das Leben in der Gemeinschaft lernen, ihre Fähigkeiten entfalten. Von den Behinderten können nur die leichtbehinderten Kinder in diese Kindergärten aufgenommen werden.
Für die körper- und mehrfachbehinderten Kinder brauchen wir deshalb dringend Sonderkindergärten, wie sie bereits für Geistigbehinderte eingerichtet wurden. Die bisher praktizierte Notlösung, die Kinder in Heime und

Internatsschulen zu schicken, kann nur in familiären Notsituationen angemessen sein.
Das behinderte Kind braucht dringend, mindestens bis zum Grundschulalter, die Geborgenheit der Familie für eine gesunde seelische Entwicklung.
Nur Menschen, die Umgang mit Behinderten pflegen, können empfinden, daß auch diese Menschen die Fähigkeit besitzen, glücklich zu sein und Freude am Leben zu haben. Glück und Freude am Leben können die Last ihrer Gebrechlichkeit durchbrechen.
Was die Behinderten von uns brauchen, ist nicht Mitleid, sondern Verständnis und Hilfen zur Bewältigung ihres Lebens.

B) Predigt über Jes 35,3–6a

Liebe Gemeinde!
»Die Lahmen werden springen wie ein Hirsch.« Warum sollen sie eigentlich springen können? Die meisten von uns haben ja gesunde Beine. Wenn sie nicht gerade wie ein Hirsch springen können, dann können sie sich doch immerhin schneller fortbewegen als eine Schnecke.
Aber was fangen wir eigentlich an mit unserer Gehfähigkeit? Aus welchem Grund sollen wir einem Lahmen wünschen, daß auch er gehen oder möglichst sogar springen kann? Soll er auch über den Waldsportpfad rennen können mit dem geheimen Ziel, ein wenig schlanker zu werden? Oder soll er auch so träge wie manche Zeitgenossen seine Gelenke im Clubsessel verrosten oder auf dem Gaspedal steif werden lassen? Welchen geheimen Sinn hat die Gehfähgikeit des Menschen?
Ich glaube: Die Beine sind uns gegeben, damit wir auf andere Menschen zugehen können, nicht, damit wir Begegnungen ausweichen. Die Beine sind uns gegeben, damit wir uns gemeinsam mit anderen versammeln können, versammeln zum Gottesdienst, zum vereinten Hören und Fragen, Singen und Beten, Klagen und Danken.
Wer sich auf sich selbst zurückzieht, wer zu träge und unlustig ist, sich um Kontakte mit anderen zu bemühen, der gebraucht seine Beine nicht recht. Warum will Gott, daß Lahmen geholfen wird? Wozu dient die angekündigte Hilfsaktion für die Gehbehinderten? Nicht zu einem egoistischen Gebrauch der Beine. Sondern um Menschen zusammenzuführen zu gemeinsamem Lob Gottes.
Der Prophet sagt: »Die Augen der Blinden werden aufgetan.«
Warum sollen die Blinden eigentlich sehen können? Was ist so sehenswert auf unserer Welt? Kann man nicht leben ohne die Bilder im Fernsehen und in den Illustrierten? Sind die Schaufenster der Geschäfte eine Bereicherung für unser Leben? Kann man nicht auskommen, ohne daß man die Augen wohlgefällig ruhen läßt auf der mühsam erworbenen Wohnungseinrichtung? Wozu haben wir unsere Augen? Was ist der tiefere Sinn unserer Sehfähigkeit?

Ich glaube: Die Augen sind uns gegeben, damit wir Gottes Schöpferwerk betrachten können: die Sternbilder vor dem Schwarz-Blau des Nachthimmels; die feingliedrige Schönheit der Schneekristalle; die Pracht der Farben und die Vielfalt der Formen bei den Fischen in einem Aquarium. Die Augen sind uns gegeben, damit wir durch das Staunen über Gottes Werk zum Dank und zur Anbetung geführt werden.
Warum will Gott, daß Blinden geholfen wird? Sicher nicht nur, damit sie in einem anderen Beruf mehr leisten und mehr verdienen können. Den Blinden sollen die Augen aufgehen für den Reichtum Gottes, des Schöpfers. Vom Sehen sollen sie zum Staunen und vom Staunen zum Glauben kommen.
Der Prophet sagt: »Die Ohren der Tauben werden geöffnet werden.«
Warum sollten die Tauben die Hörfähigkeit erlangen? Was ist eigentlich so hörenswert auf unserer Erde? Es gibt doch genug Leute, die über Lärmbelästigung klagen: über die Beat-Musik, die durch die Zimmerdecke der unteren Wohnung nach oben schallt; über das laute Schimpfen, mit dem die Nachbarin ihre Kinder eindeckt. Muß man unbedingt gehört haben, wie sich ein Politiker wichtig macht?
Wozu haben wir unsere Ohren? Was ist der tiefere Sinn unserer Hörfähigkeit? Jesus hat gelegentlich gesagt: »Wer Ohren hat, der höre!« Nämlich auf das Evangelium, auf das ermutigende Wort, das Gott uns zu sagen hat. Die Ohren sind uns gegeben, damit wir sie öffnen für das, was uns von Gott gesagt wird. Darum will der Schöpfer, daß den Tauben geholfen wird. Sie sollen nicht ausgeschlossen sein, wenn andere die Gute Nachricht hören.
Der Prophet sagt: »Die Zunge der Stummen wird frohlocken.«
Warum sollen alle reden können? Wird nicht schon genug gestichelt und getratscht in Betriebskantinen, Treppenhäusern und im Bus? Wer zählt die Flüche, die an einem einzigen Tag aus dem Mund von 2000 Menschen kommen? Was soll uns die Zunge, wenn viele nicht einmal so kleine Sätze über die Lippen bringen wie: »Bitte, verzeih mir« oder »Entschuldige, bitte; es tut mir leid«?
Was ist der tiefere Sinn unserer Sprechfähigkeit? Ich glaube: Wir haben unsere Zunge, um verzagten und bedrückten Leuten zu sagen: »Seid getrost! Fürchtet euch nicht! Seht, euer Gott kommt und wird euch helfen.« Gewiß werden wir oft andere Worte als der Prophet gebrauchen. Aber das ändert nichts daran: mit unserer Sprache haben wir ein wirksames Instrument, um andere Menschen im Namen Gottes zu befreien von Schuld, Versagen und Leerlauf. Um ihnen etwas mitzuteilen von der Lebensfülle, die Gott schenkt. Darum will der Herr, daß den Stummen geholfen wird. Sie sollen ihre Stimme mit anderen Menschen vereinen und Gott loben. Nicht nur mit Taten will Gott gelobt sein, auch mit gesprochenen und gesungenen Worten. Wobei es nichts ausmacht, wenn diese Worte nur mühsam herausgebracht werden. Nun haben wir den geheimen Hintergrund dieser Verheißung ein wenig kennengelernt. Sehkraft und Gehfähigkeit, Hören und Sprechen – das alles ist uns

Menschen gegeben, damit wir gemeinsam Gott loben und ihm danken. Vor allem darum »werden die Augen der Blinden aufgetan und die Ohren der Tauben geöffnet werden«. Vor allem darum »werden die Lahmen springen wie ein Hirsch, und die Zunge der Stummen wird frohlocken«.

Haben Sie eigentlich schon einmal darüber nachgedacht, warum Behinderten geholfen wird? Aus welchem Antrieb heraus werden Menschen hier tätig? Vermutlich gibt es viele Gründe, die jemand veranlassen können, sich um körperlich und geistig Behinderte zu kümmern. Mir ist aber aufgefallen, daß die Menschen, die solche Hilfe in Gang gebracht haben und in Gang halten, zu einem großen Teil bewußte Christen waren und sind. Also Leute, die wußten und wissen, wozu uns Augen und Ohren, Beine und Mund eigentlich gegeben sind. In Bethel setzte sich Bodelschwingh für Gemütskranke und Epileptiker ein. Im Hamburg stellte Amalie Sieveking ihr Leben in den Dienst der Kranken. Im Steintal im Elsaß förderte Oberlin die Kinder im Vorschulalter. In Hamburg half Wichern Kindern aus asozialen Familien. In den Zuchthäusern Finnlands wurde Mathilde Wrede zum »Engel der Gefangenen«. In Beuggen bei Karsau am Hochrhein schuf Christian Heinrich Zeller ein Heim für verwahrloste Kinder. Diese Frauen und Männer hat ihr Glaube an Christus zum Helfen veranlaßt.

Christus gab ihnen die Kraft für ihren Einsatz. In ihrer Bibel lasen sie von Jesus: Er hat im Namen Gottes Blinde geheilt und Tauben die Ohren aufgetan. Die Zunge der Stummen hat er zum Reden gebracht. Lahme wurden durch sein Wort auf die Beine gestellt. In dieser Nachricht von Christus liegt der Antrieb für die Bemühungen um die Behinderten. Durch Christi Wort wurden Bodelschwinghs müde Hände gestärkt, wenn er dachte: Es geht nicht mehr; ich bin am Ende. Christi Wort hat Mathilde Wrede wieder aufgerichtet, wenn sie resignieren und den Kopf hängen lassen wollte. Diese Pioniere der Diakonie sahen genau wie wir, daß all unser Tun nur Flickwerk ist. Auch ihnen machte es zu schaffen, daß immer nur einigen wenigen geholfen werden kann. Aber sie wußten zugleich: Auf unser Flickwerk folgt Gottes vollkommenes Werk. Wo wir mit einem Blinden hochstens freundlich reden konnen, da wird Gott die Augen auftun. Wo wir einem Gelähmten nur eine Rampe bauen können, damit sein Rollstuhl die Treppen überwindet, da wird Gott die Gelähmten so wiederherstellen, daß sie springen wie ein Hirsch. Wo wir den Eltern eines behinderten Kindes einen Gang zur Behörde abnehmen können oder einen Transport zur Taubstummenschule, da wird Gott die Ohren öffnen. Wo wir mit einem sprachgestörten Menschen Geduld haben können, da hat Gott die Macht, die Stummen zum Jauchzen zu bringen. Wo wir ziemlich hilflos versuchen, mit Menschenwort Mut zuzusprechen, da wird Gottes Wort Verzagte und Erschöpfte wirksam trösten und ihre müden Hände stärken.

Solche Aussicht auf Gottes zukünftiges Handeln macht nicht träge, sondern macht gerade aktiv. Eine gute Aussicht verurteilt uns nicht zur Passivität.

Ganz im Gegenteil! Da die große Hilfe vor der Tür steht, werden unsere kleinen Hilfen erst recht sinnvoll. Sie nehmen teilweise das vorweg, was Gottes endgültiger Wille ist. Die Bibel spricht an vielen Stellen von Gottes zukünftigem Handeln zum Heil der Welt. Aber nirgendwo werden die Hilfsbedürftigen nur vertröstet. Der Grundsatz der Bibel lautet nicht: Wartet ab, Gott wird's schon machen. Der Grundsatz der Bibel lautet vielmehr: Laßt uns jetzt schon tun, was der endgültige Wille für diese Welt ist. Laßt uns heute schon tun, was morgen sein soll. »Stärket jetzt schon die müden Hände und macht fest die wankenden Knie. Sprecht jetzt schon den Verzagten Mut zu. Gott kommt und wird euch helfen.« Amen.

C) Im Anschluß an die Predigt sprach die Vorsitzende des Spastiker-Vereins noch über das Thema: »Was können wir praktisch tun, um behinderten Kindern und ihren Eltern das schwere Los zu erleichtern?«

Wir helfen bereits, indem wir den Standpunkt: »Behindert, was geht mich das an?« aufgeben. Ist es vielleicht unser Verdienst, daß wir gesunde Kinder haben? Könnten wir nicht schon morgen selbst zu den Betroffenen gehören? In einem Brief einer 20jährigen Behinderten las ich, daß sie, die 17 Jahre ein normales Leben, ein Leben ohne Behinderung geführt hatte, nach schweren Tagen zu Beginn ihres Leidens zu einem neuen Selbstbewußtsein gefunden hat. Dieses Selbstbewußtsein, das allein hilft, dieses Leben zu meistern, muß schon beim behinderten Kleinkind gefördert werden.
Wenn wir es mitleidig streicheln oder wegen des uns fremden oder verzerrten Gesichtsausdrucks entsetzt anstarren, oder wenn wir ihm in unserer Hilflosigkeit gar Geld in die Hand drücken, kann dieses Selbstbewußtsein nicht wachsen. Auch nicht, wenn wir, aus Unsicherheit oder aus Vorurteilen heraus, Kontakten aus dem Wege gehen.
Vorurteile wurden im Lauf der letzten Jahre durch vermehrte Information, nicht zuletzt übers Fernsehen, aufgebrochen, und auch unsere Information soll dazu beitragen, daß sie immer mehr abgebaut werden. Die Einstellung, daß Behinderte in Anstalten, hinter Mauern gehören, ist jedoch noch weit verbreitet.
Was hindert uns jedoch, die wir uns frei von solchen Einstellungen glauben und auch gerne helfen möchten, Kontakt mit Behinderten aufzunehmen? Meist ist es nur eine große Unsicherheit, wie wir dem Behinderten begegnen sollen, die uns davon abhält, auf ihn bzw. auf seine Familie zuzugehen. Ein junger Behinderter, den ich kenne, empfindet das Verhalten der Kinder am wohltuendsten; es ist direkt und unsentimental.
Versuchen Sie, wie sie zu lächeln, sprechen Sie auch Behinderte und ihre Eltern normal und direkt an, wenn sich Ihnen eine Möglichkeit bietet. Nehmen Sie die betroffene Familie in Ihrer Wohngegend oder im Bekanntenkreis

selbstverständlich in Ihre Gemeinschaft auf. Erkundigen Sie sich nach der Art der Behinderung des Kindes und hören Sie der Mutter oder dem Vater zu, wenn sie von ihren Problemen berichten.

Das Sich-aussprechen-Können ist oft schon eine große Hilfe für die isolierten Mütter. Vielleicht können Sie Kontakte von Ihren eigenen Kindern zu dem behinderten Kind schaffen, es in die Spielgruppe Ihrer Kinder bringen und so auch bereits Verständnis für Schwächere unter uns anbahnen.

Vielleicht können Sie der Mutter ab und zu eine kleine Besorgung oder einen Transport zu einer Therapie abnehmen. Vielleicht könnten Sie auch, wenn Sie das Kind besser kennen, es für Stunden betreuen, um den Eltern einen gemeinsamen Ausgang zu ermöglichen.

Lassen Sie sich nicht entmutigen, wenn Sie zunächst auf Ablehnung stoßen. Viele Mütter und Behinderte haben schon viele negative Erfahrungen mit der Umwelt hinter sich; sie reagieren deshalb oft skeptisch. Kommen Sie ihnen entgegen! Je mehr Sie von den Eltern und dem behinderten Kind erfahren, desto mehr wird der erste, oft schockierende Eindruck und Ihr Gefühl der Hilflosigkeit von Ihnen weichen.

Sie werden Möglichkeiten finden, Freude zu schenken, Hilfen im Alltag zu geben und neuen Mut oder Vertrauen in die Mitmenschen zu schaffen. Viele von Ihnen werden im Alltag kaum Behinderten begegnen. Nach oft schlechten Erfahrungen mit den Mitmenschen scheuen sich viele Eltern, mit ihren Kindern am öffentlichen Leben teilzunehmen, und behalten sie daheim. Kontakte zur Umwelt beschränken sich für diese Kinder leider oft auf die Wartezimmer der Ärzte, auf Klinikaufenthalte und auf die eigene Familie. Trotzdem können auch Sie mithelfen, das Leben dieser Menschen zu erleichtern oder zu bereichern.

Wenn Sie sich über die Probleme informieren, werden Sie vielleicht in Ihrem Beruf, am Arbeitsplatz, in Ihrer Partei oder in einer anderen Gruppe sich für Behinderte einsetzen können. Sie können vielleicht mitwirken bei Entscheidungen in der Gemeinde, wenn Möglichkeiten zur Förderung von Behinderten und zur Entlastung der Eltern geschaffen werden sollen. Sie können auf Ämtern den Behindertenanliegen Verständnis entgegenbringen und den Betroffenen Wege ebnen; dies auch im ganz wörtlichen Sinn. Von vielen Bereichen unseres Lebens sind Behinderte nämlich unnötigerweise immer noch durch bauliche Hindernisse, Treppen, zu enge Eingänge und anderes ausgeschlossen.

Sie können vielleicht mitwirken bei der Schaffung von behindertengerechten Wohnungen oder eine geeignete Wohnung bevorzugt an eine Familie mit einem Behinderten vermieten. Es gibt Familien, die mit Körperbehinderten im 2. oder 3. Stock wohnen. Jeder Ausgang ist deshalb mit einer Großaktion verbunden.

Es ließen sich sicher noch andere Möglichkeiten der konkreten Hilfe aufzeigen. Wenn Sie den Willen haben, zu helfen, können Sie auch jederzeit

Aktionen, die der Förderung der Lebens- und Entwicklungsbedingungen der Behinderten dienen, unterstützen: ideel durch Ihre positive Einstellung und finanziell, damit die Ideen der Hilfe auch in die Tat umgesetzt und individuelle Härten gemildert werden können.

## *Rückfragen als Teil der Predigt*

### *»Der Mensch, der Herr der Erde?« – Gen 1,26–30*

Liebe Gemeinde!
Hier brechen viele Fragen auf. Innerhalb von etwa 10 Minuten sind in einem Kreis von 17 Menschen beim Gespräch über die Bibel zu diesem Abschnitt 13 Fragen gestellt worden. Ich könnte mir vorstellen, daß eine lange Liste zusammenkäme, wenn ich jetzt alles aufschreiben könnte, was Sie zum biblischen Bericht von der Erschaffung des Menschen zu fragen oder einzuwenden haben. Bitte, haben Sie dafür Verständnis, daß in einer Predigt nur ein kleiner Teil der Probleme behandelt werden kann.
In den Schöpfungsberichten der Bibel geht es um die Frage: Wozu ist der Mensch da? Wie ist sein Verhältnis zum Schöpfer und wie zu den übrigen Geschöpfen? Was ist seine Bestimmung? Darauf gibt die Bibel zur Antwort: Der Mensch ist als Treuhänder Gottes der Herr der Erde.
Die Antwort ist in den zwei verschiedenen Schöpfungsberichten der Bibel die gleiche. Verschieden sind die biblischen Darstellungen allerdings in der Schilderung der Einzelheiten bei der Entstehung des Menschen. Aus den zwei Schöpfungsberichten spricht das naturkundliche Wissen der jeweiligen Entstehungszeit. Darum sind sie verschieden. Unser Wissen über die Vorgänge in der Natur wird ja vom Fortschritt der Erkenntnisse rasch überholt. Unüberholbar und durch keine Naturwissenschaft zu widerlegen sind jedoch die biblischen Aussagen über die Bestimmung des Menschen, über das, was der Schöpfer von uns erwartet.
Um auf die Frage nach der Bestimmung des Menschen eine Antwort zu finden, greifen auch Naturwissenschaftler unserer Zeit auf die Bibel zurück. Einer unserer führenden deutschen Gelehrten, der Physiker Carl Friedrich von Weizsäcker, hat über die Theologen gesagt: »Sie bewahren die einzige Wahrheit, die tiefer reicht als die Wahrheit der Wissenschaft, auf der das Atomzeitalter ruht. Sie bewahren ein Wissen vom Wesen des Menschen, das tiefer wurzelt als die Rationalität der Neuzeit. Der Augenblick kommt, in dem man, wenn das Planen scheitert, nach dieser Wahrheit fragt und fragen wird« (zitiert bei J. Illies, Wissenschaft als Heilserwartung, 75). Ein Wissen vom

Wesen des Menschen, das tiefer reicht als alle Erkenntnis des Verstandes über die Vorgänge in der Natur, ist in der Bibel enthalten. Ich glaube: Wir brauchen dieses Wissen zur Orientierung in den entscheidenden Fragen des Lebens.
Die Biologen sagen uns: Der Mensch stammt von tierischen Vorfahren ab; er ist mit den heute lebenden Menschenaffen verwandt. Indem wir das wissen, ist uns in den brennenden Fragen unseres Lebens aber nur wenig oder gar nicht geholfen. Da können wir uns ja nicht nach dem Vorbild der Gorillas und Schimpansen richten – obwohl man manchmal durchaus diesen Eindruck hat! Oder soll man dem Menschen die Vielweiberei empfehlen, weil bei den Fasanen, die sich jetzt auf den Feldern mit Maiskörnern mästen, die Männchen auch mehrere Weibchen gleichzeitig haben? Der Mensch kann nicht zurück zum Tier, denn: »Gott schuf den Menschen zu seinem Bilde, zum Bilde Gottes schuf er ihn.« Die Erschaffung der Erde hat den Menschen zum Ziel. Gott will einen Partner, darum erschafft er den Menschen. Er will ein Gegenüber haben, dem er seine Liebe zuwenden kann. Er wartet auf die Gegenliebe seines Geschöpfes, so wie Eltern sich auf die Gegenliebe ihres Kindes freuen. Alle Schöpfung neben dem Menschen, also die glitzernden Tautropfen im Spinnennetz und die Eule, die nachts heult – das alles geschaffen zu haben, genügt Gott nicht. Gott will darüber hinaus »ein Bild, das ihm gleich sei«. In der Sprache jener frühen Zeit bedeutet »ein Bild, das uns gleich sei«: einer, der zu mir gehört, einer, mit dem ich zu tun haben will, einer, der mit mir reden kann und mit mir reden soll. »Gott schuf den Menschen ihm zum Bilde«, das heißt: Der Mensch soll sein Leben bewußt als Geschöpf Gottes führen. Er ist das einzige Lebewesen, das Gott zur Verantwortung zieht. Denn Gott setzt den Menschen ein als Treuhänder über die übrige Schöpfung. Das meint der Satz: »Und Gott sprach: Lasset uns Menschen machen, ein Bild, das uns gleich sei, die da herrschen über die Fische im Meer und die Vögel unter dem Himmel und über das Vieh und über alle Tiere des Feldes und über alles Gewürm, das auf Erden kriecht.« Gott hat den Menschen eingesetzt als den Herrn der Erde. Im Rahmen seiner Vollmacht darf, ja soll er für den Fortbestand der Welt sorgen. Er darf, ja er soll in die Schöpfung eingreifen, ändernd, ausgleichend.
Der Mensch ist der Herr der Erde – aber er ist nicht ihr Besitzer. »Die Erde ist des Herrn« (Ps 24,1). Weil die Erde dem Menschen nicht gehört, darf er damit auch nicht einfach machen, was er will. Gott hat uns nicht erlaubt, die Erde durch einen Atomkrieg oder hemmungslose Industrialisierung unbewohnbar zu machen. Wohl ist der Mensch der Herr der Erde – aber als Treuhänder. Die Erde ist uns anvertraut, damit wir sie »bauen und bewahren« (Gen 2,15).
Über die Aktualität dieser Aussage brauchen wir nicht viele Worte zu verlieren. Ernsthafte Wissenschaftler kamen nach sorgfältigen Berechnungen zu dem Ergebnis, daß innerhalb der Lebenszeit unserer Kinder die menschliche Gesellschaft und der Lebenshaushalt der Natur zusammenbrechen werden, wenn wir die industrielle Entwicklung so weiterlaufen lassen wie bisher. Wir

werden uns zu einem einschneidenden Verzicht auf die Ausweitung der Industrieproduktion und damit zum Verzicht auf Wohlstand und Lebensstandard durchringen müssen. Sonst werden die heute 10jährigen im Jahr 2020 diese Erde nicht mehr bewohnen können, jedenfalls dann, wenn sich die Vorausberechnungen der Wissenschaftler erfüllen.
Wir sind nicht die Besitzer der Erde. Wir dürfen mit ihr nicht einfach machen, was wir wollen. Der Mensch ist wohl der Herr der Erde – aber als Treuhänder. Gebunden an Gottes Auftrag soll er mitwirken bei der *Erhaltung* der Welt.
In der Bindung an diesen Auftrag ist der Mensch bestimmt zur Freiheit von allem, was es sonst auf der Erde gibt. Nichts Geschaffenes soll ihm seine Unabhängigkeit nehmen. Er soll seine Überlegenheit über die übrige Schöpfung behaupten. Die biblische Schöpfungsgeschichte sagt dies mit den Worten: »Und Gott sprach: ... füllet die Erde und macht sie euch untertan und herrschet über die Vögel ... und über das Vieh und über alles Getier ...« Der Mensch ist zum Beherrscher der Schöpfung bestimmt und nicht zum Sklaven einzelner Pflanzenarten. Sklave einzelner Pflanzen? Das klingt zunächst komisch! Aber wenn Sie etwas davon wissen, in was für einen jammervollen Zustand Menschen geraten, die als Heroinsüchtige vom Saft der Mohnpflanze abhängig sind, dann haben Sie ein Zeichen dafür, daß der Mensch seine Bestimmung verfehlt, wenn er der übrigen Schöpfung nicht als freier Herr gegenübertritt. Überlegen Sie doch auch einmal, wie viele Menschen ihre Freiheit teilweise an die Blätter der Tabakpflanze verloren haben! Von Gott her ist der Mensch zur Überlegenheit über die Schöpfung bestimmt und nicht zur Abhängigkeit.
»Herrscht über das Vieh und über alles Getier ...!«
Das ist geschrieben worden in einer Zeit, in der der Mensch noch gestaunt hat darüber, daß ihm die Tiere gehorchen. Ein Esel lief im Kreis und hielt ein Wasserschöpfwerk in Gang. Ein Kamel transportierte schwere Lasten über viele Kilometer hinweg.
An die Stelle der Tiere als Gehilfen des Menschen sind in unserer Zeit weitgehend die Maschinen getreten. Stück für Stück sind wir in die Abhängigkeit von unseren eigenen Geschöpfen, den Maschinen geraten. Die Maschinen müssen »bedient« werden, auch nachts, auch sonntags. Der Mensch gehorcht dem Gesetz der Maschine und verordnet sich selbst die Schichtarbeit. Der Mensch gehorcht dem Gesetz des Autos und verordnet sich selbst verpestete Luft und den Bau von Autobahnen, wo er vorher im Wald mit seinen Kindern Schlüsselblumen pflücken konnte. Die Beherrschung der Tierwelt ist uns weitgehend gelungen, aber die Beherrschung der Maschinenwelt steht noch aus. Der Mensch verfehlt jedoch seine Bestimmung, wenn er seine Freiheit an die Maschinen verliert. Der Mensch ist der Herr der Erde. Von nichts auf der Welt braucht er sich versklaven zu lassen.
Als Herr der Erde ist der Mensch vom Schöpfer reich beschenkt. »Und Gott

sprach: Sehet da, ich habe euch gegeben alle Pflanzen, die Samen bringen, auf der ganzen Erde, und alle Bäume mit Früchten, die Samen bringen, zu eurer Speise.« Eine Fülle von Früchten der Erde ist die Gabe des Schöpfers an uns. Brombeeren und Äpfel, Tomaten und Zuckerrüben, Kartoffeln für die Pommes frites, Roggen für das Vollkornbrot. Wohl keinem Lebewesen wird von der Natur der Tisch so abwechslungsreich gedeckt wie uns Menschen. In den letzten Jahren ist in unserem Land der reich gedeckte Tisch wieder ganz selbstverständlich geworden. Wo der Schöpfer großzügig, ja fast verschwenderisch schenkt, da sollten wir mit unserem Dank nicht knausern. Wenn wir nicht dankbar sind – wer soll's denn dann sein?
Als Menschen sind wir bestimmt zu einem Leben in Dankbarkeit gegen den Geber aller Güter. »Gott schuf den Menschen zu seinem Bilde«, als ein Gegenüber, dem er seine Liebe zuwenden kann. Nun wartet er auf unsere Antwort, wartet darauf, daß wir das sind, wozu er uns macht: Herren der Erde, dankbar, weil vom Schöpfer reich beschenkt, keine Sklaven unserer Mitgeschöpfe, sondern Treuhänder der Erde. Amen.

*Die Rückfragen und die dazu gegebenen Antworten*
(Nachschrift einer Tonbandaufzeichnung)

*Frau J.:* Ich wollte fragen: Hat Gott den Menschen als vollkommenes Wesen geschaffen, oder hat er ihm die Möglichkeit gegeben, sich zu vervollkommnen, also sich zu entwickeln?

*Prediger:* Man kann vermuten, daß Sie die Predigt so verstehen mußten, als ob der Mensch abgeschlossen sei und nicht entwicklungsfähig. Es ist so, daß am Ende des Schöpfungsberichts steht: Gott sah an alles, wirklich alles, was er gemacht hatte, also auch den Menschen, und sah, daß es gut war. Wenn wir im Deutschen »gut« hören, dann ist das wie ein »Stempel«: »Das ist gut und richtig so.« »Gut« meint aber in jener Sprache: Es ist tauglich zu etwas. Es kann seine Bestimmung erfüllen. Man kann nicht aus dem Hinweis, daß am Ende des Schöpfungsberichts steht, der Mensch sei gut geschaffen, nun schließen, daß er nicht entwicklungsfähig sei. Ob er in seinen sittlichen Entscheidungen verbesserungsfähig ist, wage ich zu bezweifeln angesichts der leidvollen Geschichte der Menschheit. Aber daß er als Lebewesen entwicklungsfähig ist, anpassungsfähig an neue Situationen, das hat er ja schon gezeigt. Ich würde mich also für die Alternative entscheiden: Der Mensch ist zwar mit allem erschaffen, was er braucht, um das Leben zu bestehen, aber er ist verbesserungsfähig. Er ist also so vollkommen, daß er das Leben bewältigen kann, aber noch so offen nach vorn, daß er noch verbesserungsfähig ist.

*Herr H:* Was hat der Mensch von seinem Schöpfer zu erwarten, der aus Gleichgültigkeit, Bequemlichkeit, Unglaube oder aus einem sonstigen Grund seine Bestimmung, Treuhänder Gottes zu sein, ablehnt?

*Prediger*: Ja, was hat der Mensch von Gott her zu erwarten, wenn er seiner Bestimmung nicht genügt, wenn er nicht Treuhänder ist, sondern Mißbrauch treibt? Zunächst wird er elementare Folgen seines Tuns erleben, und zwar am eigenen Leibe – wie wir das ja heute erleben. Ich habe versucht, dies in der Predigt auch anzudeuten. Wenn er aus dieser Bestimmung herausfällt, wenn er meint, er wisse das besser, was für die Erde gut ist und was er damit machen könne, dann wird er zunächst ganz bestimmte Folgen einkalkulieren müssen, wie wir sie jetzt haben. Er wird außerdem damit rechnen müssen, daß sein Leben nicht in der Harmonie verläuft, in der es verlaufen würde, wenn er im Einklang stünde mit seiner Bestimmung. Zwei Kapitel nach unserer Erzählung ist ja ein Bericht da, wie der Mensch seine Bestimmung verfehlt, wie er meint, er weiß es besser, er kann anderes als das, was Gott ihm aufträgt. Und daß er dann auf einem verfluchten Arbeitsfeld arbeiten muß, daß dann die Arbeit für ihn auch Mühe wird, schweißtreibend, weithin sinnlos, das wird dort als Folge davon geschildert, daß er aus seiner ursprünglichen Bestimmung herausfällt.

*Herr K.*: Sollte sich der Mensch nicht weniger Gott verantwortlich fühlen als seinem Mitmenschen, auf den doch sein Handeln gerichtet sein muß, wenn die Verhältnisse und Beziehungen unter den Menschen besser werden sollen?

*Prediger*: Sie sehen also eine Alternative: Er soll sich mehr dem Mitmenschen verantwortlich wissen als Gott, denn: damit die Verhältnisse besser werden, muß er sich dem Mitmenschen verantwortlich wissen. Habe ich es recht verstanden?

*Herr K.*: Ja, so ist es!

*Prediger*: Wenn ich jetzt mal überlege, wohin Gott Menschen gewiesen hat in der Bibel, die sich ihm verantwortlich wußten, die also zunächst mal ganz die Bindung an Gott gesucht haben, dann weist er sie gerade an den Mitmenschen. Es ist hier kein entweder-oder, daß man sich, wenn man sich Gott verantwortlich weiß, dann nicht so sehr dem Mitmenschen verantwortlich wissen kann, weil man sich nicht halbieren kann, sondern gerade die, die sich Gott verantwortlich wissen, weist er an den Mitmenschen. Ja, ich nehme ruhig einmal Jesus als »Fall«: Das ist ja charakteristisch für ihn, daß er sich in allem, was er tat, ganz dem leidenden Mitmenschen zugewendet hat: dem Kranken, dem Blinden, dem Ausgestoßenen. Und gerade er, der sich voll im Einklang mit Gott wußte – also ich lasse mir hier keine Alternative einreden, sondern gehe davon aus, wenn sich einer Gott, dem biblischen Gott verantwortlich weiß, kommt dabei der Mitmensch nicht zu kurz. Es gibt allerdings seltsame Götterbilder, bei denen der Mitmensch dann zu kurz kommt. Aber der biblische Gott, der hier bezeugt wird, weist uns immer wieder an den Mitmenschen.
Vielleicht noch als Beispiel für diese anderen Götterbilder, die man auch

schon unter Berufung auf die Bibel entworfen hat: Es hat nicht zuletzt zur Entstehung des Ersten Weltkriegs beigetragen, daß die Völker damals einen Nationalgott hatten. »Gott mit uns«, das stand bei den Deutschen auf dem Koppelschloß und war auch der Grundsatz bei anderen Völkern. Man hatte damals wohl einen Gott. Man war sehr gläubig. Aber man hatte nicht den biblischen Gott. Und dann muß der Mitmensch zu kurz kommen. Dann hat man es sich erlauben können, auf Kosten des Mitmenschen sein eigenes Recht durchzusetzen. Das ist beim biblischen Gott eigentlich nicht möglich.

*Frau J.*: Hat der Sündenfall die Gottähnlichkeit des Menschen verändert oder gar aufgehoben? Oder ist die Veränderung durch den Sündenfall allein darin zu suchen, daß er Mensch aus der Nähe zu Gott in die Gottesferne getrieben worden ist? Man könnte dabei daran denken, daß für den Fall, daß dem Menschen die Gottähnlichkeit nicht genommen worden ist, daß er sie also behalten hat, das eine Erklärung sein könnte dafür, daß auch Menschen, die nicht nach Gott fragen, was wir ja öfter erleben, doch Nächstenliebe üben und Gutes tun.

*Prediger*: Diese Bestimmung, die Gott dem Menschen gegeben hat, von Anfang an, von Ursprung an, die hat er nicht verloren. Er genügt ihr nur weithin nicht. Die Bestimmung steht über ihm auch nach dem Sündenfall. Sie wird mit keinem Wort zurückgenommen in der Bibel. Sie wird nur weithin eben nicht erfüllt. Und darum kommt auch weithin der Mitmensch zu kurz. Der Fall, von dem Sie sprachen, daß einer seiner Bestimmung als Kreatur genügt, ohne in einer bewußten Beziehung zu seinem Schöpfer zu stehen, der ist ab und zu erwähnt in der Bibel, meistens dann zur Beschämung des Gottesvolkes. Es wird öfter, auch bei Jesus, auf solche hingewiesen, die das gerade tun, was der Vater will; aber nicht, damit sie jetzt zufrieden sind und sich auf den Standpunkt stellen: Ich mache ja alles, was Gott von mir will. Sondern es ist immer zur Beschämung derer gesagt, die zwar die Gottesbeziehung haben, aber noch nicht recht begriffen haben, daß dieser Gott sie zu den Mitmenschen weist.
Man könnte vielleicht sagen: Was Gott über den Menschen gesagt hat, das ist so kräftig wirksam in der Menschheit, daß keiner dem ganz entrinnen kann. Es ist sehr schwer, völlig der Bestimmung zu entrinnen und das glatte Gegenteil zu machen.

*Herr H.*: Es gibt bekanntlich Industriezweige, in denen es aus technischen und wirtschaftlichen Gründen nötig ist, rund um die Uhr zu arbeiten. Verliert sich der Mensch auch hier an die Maschine? Obschon hierdurch finanzielle Mittel, z. B. als Entwicklungshilfe oder als »Brot für die Welt«, bereitgestellt werden?

*Prediger*: Das zielt auf diesen Abschnitt, den man so ein bißchen als »zivilisationsfeindlich« verstehen konnte. Ich möchte ihn zunächst ganz im Zusammenhang damit sehen, daß gerade führende Technologen uns vorrechnen: So könnt ihr auf keinen Fall weitermachen! Wenn wir so weitermachen mit der Industrialisierung, dann machen wir uns kaputt innerhalb der Lebenszeit unserer Kinder. Daran läßt sich nichts mehr ändern. Das ist für mich ein Zeichen dafür, daß dies nicht ganz stimmen kann mit dieser Bestimmung, die wir den Menschen geben: das Sozialprodukt auszuweiten um jeden Preis. Und ich frage mich: Welchen Preis können wir zahlen und welchen nicht? Wir leben ja in dieser Übergangszeit, wo wir zunächst einmal sehen müssen, daß auch genügend Güter da sind, gerade um helfen zu können. Sie haben es ja selber gesagt, daß das, was diese Industrien, die Tag und Nacht produzieren, an Sozialprodukt herstellen – das kann ja nachher auch Armen zugute kommen. Damit haben Sie völlig recht. Wir sind in diesem Zwiespalt, daß wir, um wirksamer helfen zu können, zum Teil uns auch hineingeben müssen in die Gesetzmäßigkeit dieser Maschinerie, die wir aufgebaut haben. Auf der einen Seite ist unsere menschliche Bestimmung gefährdet, wenn wir nicht helfen, wenn wir also nicht genügend an Gütern produzieren, auf der anderen Seite ist unsere Bestimmung gefährdet, wenn wir Menschen opfern um des Systems willen. Da gibt es keine generellen Regeln. Das müßte man wirklich von Fall zu Fall durchsprechen, ob das vertretbar ist oder nicht. Das kann nur mit jeweils Betroffenen passieren. Da ist auch eine Predigt völlig ungeeignet, irgendwelche generellen Ratschläge zu geben. Das müßte durchgesprochen werden von Industriezweig zu Industriezweig, ob es hier vertretbar ist, Menschen in diesen Rhythmus der Maschine hineinzuzwängen, sie also nachts und sonntags immer antreten zu lassen, oder ob es hier auch vertretbar wäre, den Verlust in Kauf zu nehmen, der eben dann einträte, wenn man die Maschine nur zu den normalen Zeiten laufen ließe. Aber hier gibt es keine generelle Regel. Das müßte von Fall zu Fall geklärt werden. Es gibt wahrscheinlich viel mehr Bereiche, in denen es möglich ist, als wir im Moment haben. Man hat ja früher auch samstags gearbeitet und sonntags gearbeitet in der Frühzeit der Industrialisierung. Und jeder Unternehmer hätte gesagt: Das muß sein, sonst verdiene ich nichts, sonst geht mein Betrieb kaputt. Und wie wir sehen: Es mußte nicht sein. Es ist hier sicher manches drin. Ich glaube, der Mensch ist der Herr der Erde und nicht das Sozialprodukt, das unbedingt gesteigert werden muß.

*Herr K.*: Sie sagen in Ihrer Predigt: Die Menschen sind die einzigen Wesen, die Gott zur Verantwortung zieht. Ja kann denn Gott die Menschen überhaupt zur Verantwortung ziehen, oder – ganz negativ gefragt – sollte nicht der Mensch Gott zur Verantwortung ziehen, denn Gott hat nach dem christlichen Glauben die Menschen geschaffen, die sich alle in Körper und Geist unterscheiden? Aber gerade diese Unterschiede verursachen Spannungen und Ungerechtigkeiten bei den Menschen. Der eine ist klüger; er erreicht dadurch mehr. Er ruft deshalb den Neid des anderen hervor. Deshalb meine Frage: Kann denn überhaupt Gott den Menschen zur Verantwortung ziehen?

*Prediger*: Die Frage zielt wohl darauf: Ein Gott, der die Menschen so verschieden geschaffen hat und damit den Keim der Ungerechtigkeit legt, die einen als halbe Krüppel, die anderen als künftige Nobelpreisträger – wie soll dieser Gott dann auch noch dazu kommen, uns zur Verantwortung zu ziehen? Hätten wir nicht viel mehr das Recht, ihn zu fragen, wieso er das so verschieden macht? Habe ich es so richtig verstanden?

*Herr K.*: Ja, so ist's.

*Prediger*: Ich bin mir auch hier nicht sicher, ob das wirklich eine Alternative ist. Und zwar, weil es in der Bibel beides gibt. Es gibt die leidenschaftliche Anklage Gottes, warum er das so und jenes so macht und warum er dieses zuläßt und jenes zuläßt, und dies gerade bei Menschen, die sich ihm verantwortlich wissen. Wir drehen jetzt praktisch den Spieß um und kehren die Frage gegen Gott. Warum hast du das so gemacht und damit den Keim des Unfriedens gelegt? Aber damit können wir noch nicht der Tatsache entgehen, daß er uns zuerst fragt und zur Rede stellt. Auch hier vielleicht das nächstliegende biblische Beispiel. Als Adam gefragt wird: »Warum hast du mein Gebot übertreten?«, da klagt er zuerst Gott an und sagt: »Die Frau, die du mir gegeben hast.« Und die Frau zeigt wieder von sich weg: »Die Schlange hat mir gegeben«, und die Schlange ist auch wieder ein Geschöpf Gottes. Also diese Haltung, daß der Mensch es von sich ableitet und Gott haftbar macht, das ist keine Sache der Neuzeit: das ist schon immer dagewesen. Aber mir ist noch nicht einleuchtend, warum dies dem anderen widersprechen sollte. Es wäre ja auch zu fragen, ob die Unterschiede, die wir haben, also die wirklich schöpfungsmäßigen Unterschiede, die wir nicht ändern können, ob die so groß sind, daß wir da den Schöpfer verantwortlich machen dürfen für die Zustände in dieser Welt. Gut, der eine mag klüger sein, der hat auf diesem Gebiet die besseren Erbanlagen. Aber wir wissen ja alle, wieviel auch bei der Intelligenzentwicklung abhängt von rechter Erziehung. Das ist eine Sache, die der Mensch in der Verantwortung hat, die nicht der Schöpfer direkt veranlaßt, sondern die in menschlicher Verantwortung ist. Und wir wissen, wieviel man auch helfen könnte, gerade bei Krüppeln und Kranken, die mit Fehlern auf die Welt kommen, wenn der Mensch hier das Leiden dieser Menschen wirklich in sein Herz hineinnähme. Und wir wissen ja auch, wie viele Beschädigungen von Kindern Folgen menschlichen Tuns sind: Strahlenschäden etwa, durch Atomexplosionen, die heute noch in Japan viele Kinder in ihrem Erbgut schädigen. Der gegenwärtige Zustand der Welt kann ja nicht direkt dem Schöpfer zugeschrieben werden, weil der Mensch ja schon kräftig hineingemischt hat. Wir tragen hier mit an den Folgen dessen, was die Generationen vor uns schuldig geblieben sind. Und man müßte jetzt wirklich sorgfältig prüfen: Wo ist Gott allein verantwortlich, weil der Mensch hier nichts tun konnte, und wo hat menschliche Schuld vor unserer Generation oder in unserer Generation schon hineingewirkt? Ich weiß nicht, wer in diesem Vergleich schließlich schlechter dastünde: der Mensch oder Gott!

## *Abschnittweise Lesung des Predigttextes durch einen Lektor*

*»Wie zwei Prediger wegen Geschäftsschädigung ins Gefängnis kamen und wieder frei wurden.«*
*Predigt am 1. Mai über Apg 16,16–40*

Liebe Gemeinde!
Daß uns Mut zugesprochen wird, haben wir alle nötig. Mut zum Leben. Mut zum Glauben. Mut zum Aushalten, wenn sich scheinbar alles gegen uns verschworen hat. Mut zum Eintreten für das, was recht ist, recht für uns und recht für andere. Wenn uns die Bibel Mut zuspricht, geschieht es oft in der Form einer Erzählung. Die Erzählung, die uns heute Mut machen will, handelt von zwei Predigern des Evangeliums, die wegen Geschäftsschädigung ins Gefängnis kamen und wieder frei wurden. Sie steht in Apg 16,16–40. Wir hören den biblischen Text abschnittweise in die Predigt eingeschoben.

*Verse 16–18:*

*Als wir wieder einmal zur Gebetsstätte gingen, begegnete uns eine Magd, die einen Wahrsagegeist hatte und ihrem Herrn mit ihrem Wahrsagen viel Gewinn einbrachte. Die folgte Paulus und uns überall hin und rief: »Diese Menschen sind Knechte des allerhöchsten Gottes, die euch den Weg des Heils verkündigen.« Das tat sie viele Tage. Paulus war darüber zuletzt so aufgebracht, daß er sich umwandte und zu dem Geist sprach: »Ich gebiete dir im Namen Jesu Christi, daß du von ihr ausfährst.« Und er fuhr zur selben Stunde von ihr aus.*

Eigentlich waren sie ja nicht deshalb in die Stadt Philippi gekommen, um dort ein paar Herren das Geschäft zu verderben! Paulus und Silas wollten die Menschen in dieser Stadt auf Christus ansprechen. Sie wollten die Nachricht verbreiten, daß Gott an der Rettung der Menschen brennend interessiert ist. Aber wenn einer das Interesse Gottes an den Menschen vertritt, dann kann es wohl vorkommen, daß er mit geschäftlichen Interessen ins Gehege kommt. Es kann sein, daß Gottes Heilsinteresse mit seinen persönlichen Finanzinteressen zusammenstößt. Es kann auch sein, daß andere Leute ihr Gewinnstreben nicht mehr so ungehemmt ausleben können, wenn in einer Stadt das Evangelium verkündigt wird.
Hätten sich Paulus und sein Begleiter nicht freuen sollen über die kostenlose Reklame, die durch die wahrsagende Magd gemacht wurde? Was kann einem Fremden, der neu in eine Stadt kommt, um dort zu missionieren, besseres passieren als dies, daß er schnell öffentlich bekannt wird? Daß eine Frau, von der die ganze Stadt glaubt, daß sie wahrsagen kann, sich Tag für Tag auf der

Straße empfehlend äußert: »Diese Menschen sind Knechte des allerhöchsten Gottes, die euch den Weg des Heils verkündigen.« Aber offensichtlich verträgt sich nicht jede Art von Reklame mit dem Evangelium. Das Evangelium ist etwas anderes als Coca Cola oder Persil. Diese Art von marktschreierischer Reklame, die die wahrsagende Magd für ihn macht, findet Paulus von Tag zu Tag unerträglicher. Schließlich macht er Gebrauch von der besonderen Vollmacht, die Christus ihm gegeben hat: Er gebietet den dunklen und bösen Kräften, die diese Magd in ihrer Gewalt haben, daß sie ausfahren.
Noch mancher hat es später ähnlich wie Paulus gemacht und mit der Kraft des Namens Jesu einen unglücklichen Menschen befreit von solchen bedrückenden übernormalen Fähigkeiten, die auf der Grenze hin zum Krankhaften liegen. Die Magd, die auf diese Weise davon befreit wurde, täglich als Lieferantin von mehr oder weniger deutlichen Zukunftsprognosen mißbraucht zu werden, wird sich darüber am meisten gefreut haben. Aber ihre Besitzer haben sich ganz und gar nicht gefreut. Weil sie so wertvoll war, hatten gleich mehrere Herren in der Stadt Geld zusammengelegt, um diese Sklavin zu kaufen und durch Wahrsagerei für sich arbeiten und verdienen zu lassen. Als diese Herren sahen, daß mit dem Wahrsagegeist auch ihre Hoffnung auf Gewinn ausgefahren war, wurden sie sehr ärgerlich. In Geldsachen hört die Gemütlichkeit auf.

*Verse 19–22:*

*Als aber ihre Herren sahen, daß damit ihre Hoffnung auf Gewinn entschwunden war, ergriffen sie Paulus und Silas, schleppten sie auf den Markt vor die Stadtoberen, führten sie den Stadtrichtern vor und sagten: »Diese Menschen bringen unsere Stadt in Aufruhr; sie sind Juden und wollen solche Sitten einführen, die wir weder annehmen noch befolgen dürfen, weil wir Römer sind.« Auch das Volk wandte sich gegen sie; und die Stadtrichter ließen ihnen die Kleider herunterreißen und befahlen, sie mit Stöcken zu schlagen.*

Wer anderen das Geschäft verdirbt, kann sich auf heftige Reaktionen gefaßt machen. Es gibt wenige Dinge, mit denen man jemanden so sehr ärgern kann wie mit einer Schmälerung seines Profits. Vor etwa 60 Jahren war der spätere Theologieprofessor Karl Barth Pfarrer in Safenwil im Kanton Aargau. Seine Gemeinde bestand zu drei Vierteln aus Arbeitern. Viele davon waren in der Strickerei des Fabrikanten Hochuli beschäftigt. Von der damaligen wirtschaftlichen Notlage der Arbeiter können wir uns heute kaum noch eine Vorstellung machen. Karl Barth, den diese Notlage nicht ruhen ließ, förderte als Pfarrer kräftig die Entstehung von Gewerkschaften, um ein Gegengewicht gegen die wirtschaftliche Macht des Herrn Hochuli zu schaffen. Dieser hat sehr empört reagiert, als er merkte, daß die Hoffnung auf ungeschmälerten Gewinn zu entschwinden drohte, und nannte Barth im persönlichen Ge-

spräch seinen »ärgsten Feind in seinem ganzen Leben«. Er ist später auch aus der Kirche ausgetreten und hat einen eigenen »Kultusverein« gegründet. Geld hatte er ja genug. In einer Kirche, in der ihm auch Gottes Interesse für die soziale Lage der Menschen verkündet wurde, wollte er nicht bleiben. Zu allen Zeiten hat es solche Herren wie Hochuli gegeben, die empört reagierten, wenn die Kirche ihren finanziellen Interessen zu nahe trat und für die Interessen der Bedürftigen, der Schwachen und der kleinen Leute eintrat. Übrigens hat es damals in Safenwil noch einen anderen Fabrikanten gegeben, der der Kirchengemeinde mit ihrem Pfarrer wohlgesinnt war. Er hieß Hüssy und betrieb eine Weberei und Färberei. Und auch solche Hüssys gibt's zu allen Zeiten, die mit ihrem Geld und ihrem wirtschaftlichen Einfluß so umgehen, daß sich viele darüber freuen können und daß auch Bedürftige und Schwache von ihrem Profit profitieren.
Die Herren in Philippi, denen Paulus damals das unsaubere Geschäft verdorben hat, waren aber nicht nach der Art des Fabrikanten Hüssy, sondern mehr nach der Art des Herrn Hochuli. Sie wollten sich an Paulus rächen. Natürlich konnten sie ihn nicht wegen Austreibung des Wahrsagegeistes anzeigen. Es war ja nicht strafbar, einen Menschen von einer Plage zu befreien! Aber man konnte ja etwas anderes aufgreifen. Also haben die Herren in Philippi den Paulus und den Silas bei den Stadtrichtern wegen unerlaubter Propaganda angezeigt. Da sie Juden waren, konnte man die Stadtbevölkerung leicht gegen sie aufhetzen. Schon damals im römischen Reich hatte der Antisemitismus vorgeschobene religiöse Gründe, erwuchs jedoch aus wirtschaftlichem Neid und Konkurrenzangst wie später im deutschen Reich ja auch. Die Stadtrichter, ganz im Einklang mit der Volksmeinung, fackelten nicht lange und verhängten über die zwei Fremden die Strafe der Ausprügelung. So wurden zwei Juden buchstäblich zu Prügelknaben gemacht.

*Verse 23–29:*

*Nachdem man sie hart geschlagen hatte, warf man sie ins Gefängnis und befahl dem Aufseher, sie sicher zu verwahren. Als er diesen Befehl empfangen hatte, warf er sie in das hinterste Gefängnis und legte ihre Füße in den Block. Um Mitternacht beteten Paulus und Silas und lobten Gott. Und die Gefangenen hörten ihnen zu. Plötzlich aber entstand ein großes Erdbeben, so daß die Grundmauern des Gefängnisses wankten. Und sogleich öffneten sich alle Türen, und alle Fesseln fielen ab. Als aber der Aufseher aus dem Schlaf auffuhr und die Tür des Gefängnisses offenstehen sah, zog er das Schwert und wollte sich töten; denn er meinte, die Gefangenen wären entflohen. Paulus aber rief laut: »Tu dir kein Leid an; denn wir sind alle noch hier!« Da verlangte der Aufseher Licht, stürzte ins Gefängnis und fiel zitternd Paulus und Silas zu Füßen.*

Verglichen mit den Gefängnissen im römischen Reich muten die Gefängnisse in der Bundesrepublik – was die äußeren Bedingungen der Unterbringung

anbetrifft – menschenwürdig an. Das ist auch gut so, denn keiner von uns weiß, ob er nicht eines Tages selber hinter Gitter kommt. Und die äußeren Bedingungen sind da nicht so entscheidend, wo einem die Freiheit entzogen wird, die zum Kostbarsten gehört, was der Mensch besitzt. Paulus und Silas wurden damals ins hinterste Verlies geworfen, und als zusätzliche Sicherungsmaßnahme wurden ihre Füße zwischen zwei Balken eingespannt. Von ihren Mitgefangenen wurden die beiden wahrscheinlich zunächst für Ganoven gehalten. Aber um Mitternacht kam die Stunde der Wahrheit. Die zwei Neuen beteten laut, so laut, daß die anderen Gefangenen mithören konnten und merkten, daß hier zwei Männer waren, die von ihrem Gott, an den sie glaubten, Mut zugesprochen bekamen – Mut, auch eine schwierige Situation durchzustehen. Sogar eine so schlimme Lage wie eine unbegründete Haft als Folge einer Verleumdung. Aber die zwei haben nicht nur gebetet. Sie haben auch gesungen. Sie haben Gott gelobt mit Psalmen und Kirchenliedern, die sie auswendig konnten. Denn lesen konnten sie in dem finsteren Verlies ganz gewiß nicht. Das werden die Mitgefangenen auch selten zu hören bekommen haben, daß an diesem Ort der Qual, der Hoffnungslosigkeit und Auflehnung solche Töne laut wurden. Sonst wurde hier geschimpft und geflucht. Jetzt wurde gesungen und gelobt. Gott wurde gelobt von zwei Männern, deren Rücken heftig schmerzte von vielen Blutergüssen, die von den Stockschlägen der Stadtpolizisten herrührten. Die gleichen Gefängnismauern, die vom Schall der Loblieder widerhallten, begannen bald danach zu zittern und zu schwanken. Türen sprangen aus den Angeln. Riegel zerbrachen. Der Putz bröckelte von der Wand. Die Verankerung der Ketten löste sich.
Erdbeben waren in Mazedonien, wo die Stadt Philippi lag, damals so häufig wie noch heute. Das war nichts Ungewöhnliches. Höchst ungewöhnlich aber war, daß die Gefangenen das Erdbeben und seine Folgen nicht zur Flucht benützten. Das war für den Gefängnisaufseher dermaßen unwahrscheinlich, daß er darauf gar nicht zu hoffen wagte. Als er die aufgesprungenen Türen des Gefängnisses sah, war der Herr vom Aufsichtsdienst so entsetzt, daß eine ganze Welt für ihn zusammenbrach. Von seinen Vorgesetzten würde er zur Rechenschaft gezogen werden. Er würde seine Stelle verlieren. Die Dienstwohnung wäre dahin. Er würde mit seiner Familie von heute auf morgen auf der Straße sitzen. Denn das wußte er: Wenn etwas schiefgeht beim Staat, werden meist die Kleinen gehängt, und die Großen läßt man laufen. Das Volk will einen Sündenbock. Auch wenn das Mißgeschick kaum zu vermeiden gewesen wäre: Irgendeiner muß seine Stelle verlieren.
Wir können hier wirklich nur selbstkritisch fragen: Was ist das eigentlich für eine Welt, was sind das für Menschen, in deren Mitte sich ein einzelner das Leben nehmen will, weil er beruflich ein Versager ist? Was ist das für eine Gesellschaft, was sind das für Menschen, bei denen nur Erfolgreiche zählen und der Versager mit so üblen Folgen bedroht wird, daß er sich lieber in den Selbstmord flüchtet?

*Verse 30–34:*

*Dann führte er sie heraus und fragte: »Liebe Herren, was muß ich tun, damit ich gerettet werde?« Sie antworteten: »Glaube an den Herrn Jesus, so wirst du und dein Haus gerettet werden!« Und sie verkündigten ihm und allen, die in seinem Hause waren, das Wort des Herrn. Und er nahm sie noch in derselben Nachtstunde zu sich und wusch ihnen die Striemen. Dann ließ er sich und alle die Seinen sogleich taufen und führte sie in sein Haus, deckte ihnen den Tisch und freute sich mit seinem ganzen Haus, daß er zum Glauben an Gott gekommen war.*

»Was muß ich tun, damit ich gerettet werde?« Das ist die entscheidende Frage. Was muß ich tun, damit ich nicht untergehe und mich vergesse in der Vielfalt der täglichen Pflichten und Verrichtungen? Was muß ich tun, damit ich nicht erdrückt werde von Sorgen und Kummer um dieses und jenes? Was muß ich tun, damit ich gerettet werde aus einem Leben, in dem sich nichts Entscheidendes abspielt, in dem also alles einerlei und letztlich egal ist? Bei dem Gefängnisinspektor ist diese Frage plötzlich die entscheidende Frage geworden, die alle anderen Fragen in den Hintergrund gedrängt hat. Er wollte Gewißheit haben in der zentralen Frage. Wenn dort Klarheit herrschte, dann würde er auch mit den anderen Problemen, die mehr am Rand stehen, ins reine kommen. Wenn in der Frage nach der Rettung einmal ruhige Gewißheit eingekehrt wäre, dann würde von dort aus, von dieser Mitte aus, auch ruhige Gewißheit und Gelassenheit ausstrahlen hinein in die kleinen und großen Probleme des Berufes und des täglichen Umgangs mit seinen Kindern. Dann würde auch seine Ehe in der ruhigen Gewißheit gegenseitiger Treue geführt werden können.

»Was muß ich tun, damit ich gerettet werde?« Was muß eigentlich alles passieren, bis wir diese Frage endlich stellen? Muß uns erst ein solcher Schock treffen wie den Gefängnisinspektor? Muß da erst der Zusammenbruch unserer beruflichen und persönlichen Existenz vor der Tür stehen, bis wir endlich die Frage stellen: »Was muß ich tun, damit ich gerettet werde?« Was muß ich tun, damit *ich* gerettet werde? So hatte der Gefängnisaufseher gefragt. Die Boten des Evangeliums antworteten ihm: »Glaube an den Herrn Jesus, so wirst du und dein Haus gerettet werden!« Merken Sie: »Du und dein Haus!« Der Mann wollte wissen, wie *er* gerettet werden kann. Und er erhielt zur Antwort, daß in diese Rettung seine nächste Umgebung miteinbezogen wird. »Du und dein Haus«, also du und deine Frau, deine Kinder sowie auch deine nächsten Mitarbeiter, mit denen du beruflich häufig zusammen bist. Diese Rettung durch den Glauben an Jesus ist den Menschen, die in der Dienstwohnung des Gefängnisses zu Philippi zusammen wohnten, in dieser Nacht widerfahren. Der Mann, der eben noch ganz verzweifelt war, wurde gerettet für Zeit und Ewigkeit. Und er nahm die Boten des Evangeliums zu sich auf in sein Haus und machte von nun an ein ernstes Gesicht, weil er an Jesus glaubte und ihm also von jetzt an vieles verboten war!? Nein, nein, so nicht! Es heißt:

»Er freute sich mit seinem ganzen Haus, weil er zum Glauben an Gott gekommen war.« Er freute sich, weil er das Evangelium gehört hatte: Du darfst leben, auch wenn dir beruflich vieles danebengeht. Auch als Versager wirst du gerettet durch den Glauben an den Herrn Jesus. Du darfst leben, auch wenn du in der Erziehung deiner Kinder viele Fehler machst. Auch als schuldig Gewordener wirst du gerettet durch den Glauben an den Herrn Jesus.

*Verse 35–40*:

*Als es Tag geworden war, sandten die Stadtrichter die Amtsdiener und ließen sagen: »Laßt diese Männer frei!« Und der Aufseher teilte Paulus diese Botschaft mit: »Die Stadtrichter haben hergesandt und angeordnet, daß ihr frei sein sollt. Nun kommt heraus und geht hin mit Frieden!«*
*Paulus aber sagte zu ihnen: »Sie haben uns ohne Recht und Urteil öffentlich geschlagen, wo wir doch römische Bürger sind, und in das Gefängnis geworfen, und nun wollen sie uns heimlich fortschicken? Nein! Sie sollen selbst kommen und uns hinausführen!« Die Amtsdiener berichteten dies den Stadtrichtern. Da fürchteten sie sich, als sie hörten, jene seien römische Bürger, und kamen und redeten ihnen gut zu, führten sie heraus und baten sie, die Stadt zu verlassen. Da gingen sie aus dem Gefängnis und kamen zu Lydia. Und als sie die Brüder gesehen und ihnen Mut zugesprochen hatten, zogen sie fort.*

Eine heimliche Abschiebung ließ sich Paulus nicht gefallen. Was Recht war, mußte Recht bleiben. Paulus verlangte seine öffentliche Rehabilitierung. Bevor er und Silas die Stadt verließen, gingen sie noch einmal zu der kleinen christlichen Gemeinde, die sich in der Privatwohnung der Lydia versammelte. Den anderen Mut zusprechen – das war für Paulus die wichtigste Aufgabe eines Predigers des Evangeliums. Erst »als sie die Brüder gesehen und ihnen Mut zugesprochen hatten, zogen sie fort«.

Liebe Gemeinde,
das soll auch für uns das Wichtigste sein: daß wir uns gegenseitig Mut zusprechen. Mut zum Leben. Mut zum Glauben. Mut zum Aushalten, wenn sich scheinbar alles gegen uns verschworen hat. Auch Mut zum Eintreten für das, was recht ist. Amen.

## *Durch Gottesdienst eine neue Einstellung gewinnen – Röm 12,1–2*

Liebe Gemeinde!
»Das sei für euch der *wahre* Gottesdienst«, schreibt Paulus. Der Gottesdienst im täglichen Leben. Im Verhalten zu Kindern oder Eltern, zu Kunden oder Vertretern, zum Lehrling oder zum Abteilungsleiter. Der wahre Gottesdienst geschieht in der Hingabe des Leibes. Der wahre Gottesdienst geschieht in der Hingabe der eigenen Person; mit Händen, die schreiben können oder putzen oder streicheln; mit Füßen, mit denen wir den Weg hin zu anderen Menschen zurücklegen; mit einem Kopf, der denken kann und prüfen und beurteilen. Wenn beim wahren Gottesdienst aber der ganze Leib hingegeben wird, dann sicher auch das Äußere, auch der Gesichtsausdruck, die Aufmachung, die Kleidung. Paulus sagt: »Stellt euch nicht dieser Welt gleich.« Laßt euch nicht gleichschalten! Fragt nicht danach, was die meisten Menschen tun! Richtet euch nicht nach den üblichen Maßstäben, sondern »ändert euch durch Erneuerung eures Sinnes, damit ihr prüfen könnt, was Gottes Wille ist«.
Diese Ermahnung hängt bei Paulus aber nicht in der Luft. Der erste Satz heißt: »Ich ermahne euch *nun.*« Nun, also nachdem ich euch elf Kapitel lang dargestellt habe, wie Gottes Barmherzigkeit über eurem Leben scheint wie die Sonne. Nun, nach elf Kapiteln, sage ich euch im zwölften Kapitel, daß ihr euch mit eurer *ganzen* Person dieser Sonne der göttlichen Barmherzigkeit aussetzen sollt. »Ich ermahne euch nun bei der Barmherzigkeit Gottes« – also bei der längst durch viele Taten Gottes den Menschen erwiesenen Barmherzigkeit.
Hingabe des Leibes samt dem denkenden Kopf, samt den zupackenden Händen und allen Körperorganen, Hingabe als Opfer, an dem Gott Freude hat, das im Sinne seines Willens eingesetzt wird – das ist bei Paulus keine Forderung, sondern eine Folgerung. Keine Forderung, die wir erfüllen müssen, sondern eine naheliegende Folgerung aus dem, was Gott für uns getan hat. Die neue Einstellung, die wir gewinnen dürfen, folgt daraus, daß Gott uns gegenüber barmherzig eingestellt ist. Wenn wir uns als Gemeinde versammeln, tun wir es, um uns zu vergewissern, daß Gott uns gegenüber barmherzig eingestellt ist, also nicht rechthaberisch, nicht erbarmungslos, nicht hart. Wir hören von der Liebe. Von der Liebe, die Gott uns erweist. Dabei können wir selber eine neue Einstellung gewinnen. Wir können uns ändern »durch Erneuerung unseres Sinnes«. Damit wir prüfen können, was Gottes Wille ist in unserem Beruf oder unserem Dasein als Rentner, Pensionäre, Arbeitslose. Prüfen, was Gottes Wille ist in unserer Ehe oder in einem Dasein als Lediger, Verwitweter, getrennt Lebender oder Geschiedener. Von dem allem will ich

jetzt nicht weiter allgemein reden, vielmehr soll es an drei Sätzen aus der Weihnachtsbotschaft verdeutlicht werden. Ich denke, daß es uns guttut, wenn wir Weihnachten nicht so schnell vergessen und zur gewohnten Tagesordnung übergehen, sondern wenn wir das Weihnachtsfest in uns noch eine Weile nachklingen lassen.
Was jetzt in der Predigt folgt, ist jeweils ein Dreitakt:
1. Takt: »Wie Gott sich zu uns verhält«: Wir hören einen Satz aus der Weihnachtsbotschaft mit Worten eines Liedverses.
2. Takt: »Wie diese neue Einstellung im Gottesdienst am Sonntagmorgen zum Ausdruck kommt.«
3. Takt: »Wie diese neue Einstellung im Gottesdienst am Werktag praktiziert werden kann.«
Gemeindegesang, Lied EKG 16,9 und 12

»Ach Herr, du Schöpfer aller Ding, wie bist du worden so gering,
daß du da liegst auf dürrem Gras, davon ein Rind und Esel aß!
Das hat also gefallen dir, die Wahrheit anzuzeigen mir,
wie aller Welt Macht, Ehr und Gut, vor dir nichts gilt, nichts hilft noch tut.«

Liebe Gemeinde!
Stellt euch nicht dieser Welt gleich! In der Welt zählen Macht, Ehre und Gut, Einfluß, Posten, Titel, Geld, gutes Aussehen, gewandtes Auftreten. Wenn wir uns zum Gottesdienst versammeln, wird das alles außer Kraft gesetzt, weil es vor Gott nichts gilt und nichts hilft. Vor einem Monat nahm ich teil am Festakt zum 10jährigen Bestehen der Pädagogischen Hochschule. Bei der Begrüßungsrede wurden – wie das so üblich ist – alle aufgezählt, die Rang und Namen haben. Zuerst die Ranghöchsten und Einflußreichsten: die Abgeordneten, die Präsidenten dieses und jenes Amtes, der Landrat und der Oberbürgermeister. Ganz am Schluß und insgesamt folgte die Schar der nicht weiter bekannten anderen Teilnehmer des Festaktes. So ist das nach den Maßstäben der Welt schicklich. Wenn wir aber zum Gottesdienst zusammenkommen, wird keiner in einer Begrüßungsrede extra erwähnt. Alle haben den gleichen Rang. Der schwachbegabte Schüler, der beim Psalmlesen mühsam herumstottert, und der promovierte Studienrat, der selber Bücher geschrieben hat; der Sozialhilfeempfänger und der gut verdienende Einkommensteuerzahler. So wird der Gottesdienst der Gemeinde zum Fremdkörper in der Welt. Er legt sich quer, und er soll sich querlegen gegen das, was sonst üblich ist: gegen die Bevorzugung und gegen das Herausstreichen der Attraktiven, Mächtigen, Vermögenden und Einflußreichen.
Wer aus dem Gottesdienst nach Hause geht, muß sich bewähren am Sonntagnachmittag, am Sonntagabend, an den sechs Werktagen der kommenden Woche. Dabei wird sich zeigen, ob der Kirchgänger eine neue Einstellung gewonnen hat, ob er sich verändern ließ durch die Erneuerung seines Sinnes.

Es wird sich zeigen, ob er die neue Einstellung auch praktizieren kann und wird. Vor Gott gilt Macht, Ehre und Gut der Welt nichts. Im Gottesdienst kommt dies dadurch zum Ausdruck, daß jeder Zutritt hat, daß keine Kleidervorschriften gemacht werden, daß niemand namentlich hervorgehoben wird. Wird sich das auswirken am Werktag? Werden wir den falschen Respekt vor den »hohen Tieren« ablegen? Werden wir zu allen in gleicher Weise freundlich sein? Freundlich auch zu denen, die uns keine Vorteile verschaffen können? Freundlich auch zu denen, die uns weder beruflich noch privat fördern können? Werden wir uns blenden lassen durch besondere Kleidung? Werden wir weiterhin mißtrauisch sein gegenüber nachlässig gekleideten Jugendlichen mit ausgefransten Hosen? Werden wir mit einer Mischung aus Achtung und Neid diejenigen betrachten, die es zu etwas gebracht haben, was nicht jeder hat? Das sind nur Fragen, keine Vorschriften. Der im Gottesdienst erneuerte Sinn kann selber prüfen, was Gottes Wille sei. Gottes Wille in den vielen Begegnungen, die jeder im Lauf einer Woche mit anderen Menschen hat.

Gemeindegesang, Lied EKG 26,3

»Groß ist des Vaters Huld: der Sohn tilgt unsre Schuld. Wir warn all verdorben durch Sünd und Eitelkeit, so hat er uns erworben die ewig Himmelsfreud.«

»Der Sohn tilgt unsre Schuld.« Die Schuld ist abbezahlt, durchgestrichen, restlos aufgehoben, sie ist eben getilgt. Darum ist es in einem Gottesdienst selbstverständlich, daß wir ein Bußgebet sprechen und Gott darin wie im Vaterunser bitten: »Vergib uns unsere Schuld.« Diese Bitte darf, wenn sie ernst gemeint ist, der Erhörung gewiß sein. Darum folgt auf das Bußgebet die Zusage: »Höret den Trost des Evangeliums.« Der Sohn tilgt unsre Schuld, nicht bloß die Schuldgefühle. Die könnte auch der Psychotherapeut mitunter beseitigen. Aber mit meiner Schuld tilgt der Sohn eben auch die Schuld der anderen. Was ich hier für mich beanspruche, kann ich anderen nicht vorenthalten.
»Stellt euch nicht dieser Welt gleich!« In der Welt ist es üblich, sorgsam zu registrieren, was andere verkehrt gemacht haben. Damit hat man Munition für Wahlkämpfe und kann dem Gegner seine Verfehlungen um die Ohren schlagen, daß die Fetzen fliegen. Wenn man das, worin andere an einem schuldig geworden sind, nicht tilgt, sondern sorgfältig aufhebt, kann man es zu gegebener Zeit hervorholen und dem anderen vorwerfen. Die Schuld des anderen kann sogar Stoff für Prozesse liefern. Mindestens aber kann man davon erzählen und ist der Aufmerksamkeit und des Mitleids seiner Umgebung gewiß: »Ach ja, du bist übel dran! Wie hältst du das überhaupt aus?« Oder: »Du kannst einem ja leid tun bei so altmodischen, strengen Eltern!« In der Welt wird die Schuld anderer nicht getilgt. »Stellt euch nicht dieser Welt gleich, sondern ändert euch durch Erneuerung eures Sinnes!«

Wer im Gottesdienst war, hat gehört von der Vergebung, von der Tilgung der Schuld. Wird sich das auswirken am Werktag? Werden wir darauf verzichten, die Schuld anderer sorgfältig in unserem Gedächtnis zu sammeln? Werden wir die Fehltritte und die krummen Touren anderer erwähnen, um selber in besserem Licht zu erscheinen? Werden wir nur mit Worten vergeben, aber heimlich doch alles weiter registrieren, was wir gegen den anderen auf dem Herzen haben? Das sind nur Fragen, keine Vorschriften. Der im Gottesdienst durch die Vergebung erneuerte Sinn kann selber prüfen, wie er die Vergebung am Werktag praktizieren will. Wer selber durch Vergebung befreit wurde aus dem Gefängnis seiner Schuld, der wird sich wohl überlegen, ob er andere öffentlich zur Schau stellen darf, eingesperrt in den Käfig ihrer Verfehlungen und Versäumnisse.

Gemeindegesang, Lied EKG 33,1

»Jauchzet, ihr Himmel, frohlocket, ihr Engel, in Chören. Singet dem Herren, dem Heiland der Menschen, zu Ehren! Sehet doch da: Gott will so freundlich und nah zu den Verlornen sich kehren.«

»Gott will so freundlich und nah zu den Verlornen sich kehren.« Dieser Teil der Weihnachtsbotschaft kommt im Gottesdienst am stärksten im Fürbittegebet zum Ausdruck. Darin bitten wir Gott, daß er sich denen freundlich zuwende, die in unserer Welt links liegengelassen werden. Wir bitten Gott für die, die man oft mehr oder weniger aufgibt, sozusagen verloren gibt. Wir bitten für Alkoholiker und Drogenabhängige, für psychisch Kranke im Emmendinger Krankenhaus oder in den Wohnungen unserer Stadt, für Pflegebedürftige, für wunderlich gewordene Alte, für die Durchwanderer, die ruhelos von Ort zu Ort ziehen. Bei den kirchlichen Geldsammlungen und im Fürbittegebet haben die Existenzen am Rand unserer Gesellschaft einen bevorzugten Platz. Darin kommt zum Ausdruck, daß Gott keinen verloren gibt, daß er sich gerade denen mit Vorliebe zuwendet, die gesucht werden müssen. Wo uns die Zuwendung Gottes zur frohen Gewißheit wird, da geschieht Erneuerung unseres Sinnes. Da war einer vielleicht nahe dran, sich selber aufzugeben. Er meinte, mit ihm sei nichts los. Bei ihm sei sozusagen »Hopfen und Malz verloren«. Was bedeutet für einen solchen Menschen Gottesdienst am Werktag? Was heißt für ihn Hingabe des Leibes zum Opfer für Gott? Es bedeutet ein tägliches Ja zum Leben, auch wenn es schwer ist. Täglich neu praktizierter Glaube, daß Gott sich freundlich und nah zu den Verlorenen wenden will. Wer diesen Glauben praktiziert, braucht sich nicht aufzugeben. Wenn Gott dich nicht verloren gibt, warum willst du dich dann aufgeben?
»Stellt euch nicht dieser Welt gleich!« In der Welt zählt, wer optimistisch ist. In der Welt zählt, wer etwas verdient. In der Welt zählt, wer sich beherrschen kann. In der Welt zählt, wer niemand zur Last fällt. Gott aber erweist seine

Barmherzigkeit auch den Existenzen am Rand. Er wendet sich den Verlorenen zu. Wo wir unseren Sinn durch die Botschaft erneuern lassen, wird sich das auswirken auf unseren Werktag. Wenn Gott keinen verloren gibt, warum sollten dann wir uns verloren geben? Warum sollten wir einen anderen aufgeben, der mehr oder weniger stark gehandikapt ist, behindert durch ein Gebrechen, durch eine Krankheit, eine Charakterschwäche, eine verkorkste Kindheit? Auch wenn er nicht wieder voll leistungsfähig wird, warum sollten wir uns ihm nicht zuwenden mit unaufdringlicher Anteilnahme und mit praktischer Hilfe?

Das sind nur Fragen, keine Vorschriften. Wer sich an Gottes Barmherzigkeit orientiert, wird selber prüfen können, wo von ihm ein Ja zum Leben erwartet wird – ein Ja zum Leben angesichts erheblicher Beeinträchtigungen und schwer drückender Lasten im eigenen Dasein oder im Dasein anderer.

Daß wir eine neue Einstellung *gewinnen*, das ist der Sinn des Gottesdienstes am Sonntagmorgen, und zwar eine neue Einstellung zu Gott, zu uns selber und zu den Menschen um uns her.

Daß wir eine neue Einstellung *praktizieren*, das ist der Gottesdienst am Werktag. Aber nicht nur an Werktagen, sondern auch am Sonntagnachmittag und am Sonntagabend. So schreibt es Paulus: »Ich ermahne euch nun, liebe Brüder, bei der Barmherzigkeit Gottes, daß ihr eure Leiber hingebt als ein Opfer, das lebendig, heilig und Gott wohlgefällig ist. Das sei für euch der wahre Gottesdienst.« Amen.

## *Instrumentalmusik als Zäsur zwischen den Predigtabschnitten*

### *Unzufrieden mit dem Zustand der Welt – Röm 8,18–23*

Liebe Gemeinde!

Wir sind unzufrieden mit dem Zustand der Welt. Wir könnten stundenlang reden, wenn jeder der Reihe nach aufzählen würde, was er an unserer Welt auszusetzen hat. Ich freue mich darüber, daß gerade unter den jungen Leuten immer wieder neue Weltverbesserer heranwachsen. Die meisten Menschen verhalten sich ja genau umgekehrt. Wenn von üblen Zuständen die Rede ist, sagen sie: »Damit muß man sich eben abfinden.« »Da kann man halt nichts machen.« Manche halten dies sogar für eine christliche Tugend. Sie sehen ein Zeichen von Glauben darin, wenn jemand nicht aufbegehrt, sondern sich zufriedengibt. Paulus redet aber anders. An seinen Worten ist keine Spur von Resignation zu entdecken. Der Christ Paulus findet sich nicht ab. Er ist unzufrieden mit dem Zustand der Welt. Er erlaubt uns, ebenfalls unzufrieden

zu sein mit der Welt, die wir erleben. Ja, Unzufriedenheit wird uns nicht erlaubt, wir werden direkt dazu angestiftet.
Paulus redet von einer »Herrlichkeit, die künftig an uns offenbart werden soll«, von der »herrlichen Freiheit der Kinder Gottes«, zu der die gesamte Schöpfung befreit werden soll. An solchen Worten kann man erkennen, was es heißt: die ganze Welt von Jesus her sehen. Also nicht mehr so tun, als sei Jesus überhaupt nicht dagewesen oder als wäre er nur ein hilfloser Mensch wie andere auch. Oder als sei Jesu Geschichte etwas längst Vergangenes ohne Auswirkungen auf unsere Gegenwart. Solange wir so denken, haben wir noch das alte überholte Weltbild. Solange wir im alten Weltbild gefangen sind, sehen wir unsere Welt ohne Jesus. Paulus macht das umgekehrt. Er sieht die Welt von Jesus her. Damit vermittelt er uns ein neues Weltbild. Aber dieses neue Weltbild ist nicht nur für den Verstand da. Wenn man dieses neue Weltbild hat, wenn man die Welt von Christus her sieht, dann verändert sich unser ganzes Verhältnis zur Welt. Wir werden Menschen der Hoffnung und der Geduld.

Wir machen jetzt eine kurze Pause. Die Predigt wird erst nach einem Zwischenspiel der Orgel fortgesetzt. Wir hören die Melodie des Pfingstliedes »Komm, o komm, du Geist des Lebens«. Schlagen Sie bitte im Gesangbuch Lied 106 auf und lesen Sie die fünfte Strophe zur Musik der Orgel.

Wir werden Menschen der Geduld. Das ist denen besonders gesagt, die sich daranmachen, die Welt zu verbessern. Die Veränderungen, die manche Weltverbesserer in ihrer Ungeduld vornehmen, sind kaum weniger schmerzhaft und grausam als die alten Zustände. Nur haben hinterher gewöhnlich andere Leute zu leiden als vorher. Wer die Welt von Christus her sieht, wird ein Mensch der Geduld. Er weiß ja: Gott hat bereits angefangen mit der neuen Schöpfung. Und Gott tut nichts halb. Was er begonnen hat, das wird Gott auch zu Ende führen. Auf dem Boden dieser Gewißheit wächst die Geduld. Man lernt unterscheiden zwischen den Mißständen, die wir durch unsere Bemühungen beseitigen können, und den anderen Mißstanden, die eine tiefere Ursache haben, an die wir nicht herankommen. Das sind die Mißstände, die Gott selber heilen wird, wenn er die Schöpfung befreit von der Knechtschaft der Vergänglichkeit, befreit zur herrlichen Freiheit der Kinder Gottes. Die Johannesoffenbarung sagt es in noch stärkeren Worten als Paulus: »Ich sah einen neuen Himmel und eine neue Erde ... Gott wird bei den Menschen wohnen, und er selbst, Gott, wird mit ihnen sein. Und Gott wird abwischen alle Tränen von ihren Augen, und der Tod wird nicht mehr sein, noch Leid noch Geschrei noch Schmerz wird mehr sein« (Offb 21,1.3–4). Haben Sie es gehört?: *Gott* wird alle Tränen abwischen. Das heißt doch: wir Menschen werden nie imstande sein, alle Tränen zu trocknen und alle Leiden zu beseitigen. Was wir tun können, ist nur Stückwerk, nicht das Vollkommene. Unser Werk der Weltverbesserung ist beschränkt. Es ist vorläufig.

Vorläufig heißt: Es läuft dem voraus, was Gott selber tun wird. Gott wird seine Schöpfung von der Knechtschaft des Leidens, der Vergänglichkeit und des Leerlaufs befreien, befreien zur herrlichen Freiheit der Kinder Gottes. Das ist meine Hoffnung.

Wenn wir die Welt von Christus her sehen, haben wir ein neues Weltbild. Wir werden dann Menschen der Geduld und der Hoffnung. Menschen der Hoffnung: Das sei denen besonders gesagt, die meinen, der christliche Glaube sei eine Art Schmerztablette, die den Schmerz über den bösen Zustand der Welt ein wenig betäuben könne. Oder die es für eine besonders christliche Tugend halten, wenn sich einer mit den Dingen abfindet. Dagegen steht aber die Hoffnung, daß »die Schöpfung frei werden soll von der Knechtschaft der Vergänglichkeit«.

Es gibt in dieser Welt manches, was gut ist. Nach Aussage des 1. Buches Mose war die ursprünglich von Gott geschaffene Welt sogar »sehr gut«. Aber das war vor dem Aufstand des Menschen gegen Gott. Die Revolte des Menschen gegen seinen Schöpfer hat die übrige Schöpfung in Mitleidenschaft gezogen. Als der Mensch nicht mehr auf Gott hören wollte und begann, selbstherrlich nach eigenem Willen sein Leben auf dieser Erde zu gestalten, da steigerte sich das Leiden in der Schöpfung von Jahr zu Jahr. Das Leiden der Pferde, die für die Soldaten Napoleons die Munition durch Rußlands winterliche Steppen transportieren mußten. Die Angst der Kinder, die sich vor ihrem besoffenen Vater verstecken, wenn er mit der Mutter Streit anfängt. Die zerquetschten Igel und zerfetzten Hasen auf der Autobahn. Die Verbitterung der indischen Dorfbewohner, die sich nach einer Mißernte kein Brot backen können, während ihre Regierung im sinnlosen Wettlauf um Atombomben auch dabei sein will. Die traurige Degeneration bestimmter Hunde, die von ihren Besitzern verwöhnt werden, als seien es menschliche Babys.

Das sind nur wenige zufällig ausgewählte Töne aus der großen Klage der Schöpfung, in deren Mitte der selbstherrliche Mensch sein Unwesen treibt. Die Menschen haben ihr Heil verloren, haben ihre Gemeinschaft mit Gott verloren. Das hat die ganze Natur ins Verderben hineingezogen. Wo der Mensch nicht mehr das gute Geschöpf ist, als das Gott ihn geschaffen hat, da ist auch die übrige Welt nicht mehr die gute Schöpfung, als die Gott sie ursprünglich gemeint hat. Die Schöpfung, wie wir sie kennen, wurde der Vergänglichkeit, dem Leerlauf unterworfen. Da ist keine Entwicklung zum Besseren hin zu erkennen. Auf jeden Erfolg kommt ein Rückschlag. Ein Fortschritt an einer Stelle wird durch einen Rückschlag an einer anderen Stelle wieder ausgeglichen.

Paulus vergleicht den gegenwärtigen Zustand der Welt mit dem künftigen Zustand der herrlichen Freiheit der Kinder Gottes. Sein Urteil über die alte Welt fällt schonungslos aus. Auch ein Nihilist könnte kaum schärfer formulieren. Staaten werden gegründet: Leerlauf. Wirtschaftswunder geschehen: Leerlauf. Wissenschaftler erforschen die Welt: Leerlauf. Berufsziele werden angestrebt, Erfolge werden erzielt: Leerlauf. Wir werden alt, wir blicken zurück: Was ist's gewesen? Paulus sagt: Vergeblichkeit, Leerlauf, Vergänglichkeit.

Wir machen jetzt eine zweite Pause, bevor die Predigt fortgesetzt wird. Wir hören von der Orgel die Melodie des Liedes »Ach wie flüchtig, ach wie nichtig ist der Menschen Leben«. Schlagen Sie bitte im Gesangbuch Lied 327 auf und lesen Sie die drei ersten Strophen zur Musik der Orgel.

»Ach wie nichtig ist der Menschen Leben.« Aber wer die Welt von Jesus her sieht, der entdeckt noch eine andere Seite dieses Leerlaufs. Er sieht in diesem vergeblichen Streben, der Vergänglichkeit zu entrinnen, zugleich ein großes Sehnen. Ein Sehnen nach Sinn und Ziel. Ein großes Verlangen nach Gott und nach seiner Herrlichkeit. Wer die Welt von Jesus her betrachtet, der hört in der Jagd nach Glück, in der Angst vor dem Tod, in dem Drang, etwas Bleibendes zu schaffen, noch andere Töne. Er hört in alledem ein vielstimmiges Seufzen nach Erlösung. Er weiß, daß von allen Geschöpfen unablässig Ausschau gehalten wird nach Freiheit, nach wirklichem Leben. Die Schöpfung, die dem Leerlauf preisgegeben ist, »wartet sehnsüchtig darauf, daß Gott seine Herrlichkeit an seinen Kindern sichtbar macht«.
Ein Christ ist ein Mensch der Hoffnung und Geduld, aber nicht ein Mensch, dem es besser geht, der verschont wird, der kein Leiden hat. Paulus redet offen von »den Leiden der gegenwärtigen Zeit«, die Christen genauso treffen wie Nichtchristen. Auch wir »seufzen in unserem Innern«. Auch wir warten noch auf die Vollendung. Was wir im Unterschied zu anderen haben, ist nicht das volle Heil, sondern ein Vorschuß. Wir haben den Geist Gottes empfangen, »als Erstlingsgabe«, wie Luther übersetzt hat. Sie ist noch nicht das volle Heil, aber eine Anzahlung, ein Vorabschlag auf das volle Heil.

Vor dem Schlußteil der Predigt machen wir noch einmal eine Pause. Wir hören von der Orgel die Melodie des Liedes »Wach auf, du Geist der ersten Zeugen«. Schlagen Sie bitte im Gesangbuch Lied 216 auf und lesen Sie die neunte Strophe zur Musik der Orgel.

Wir haben schon die gewisse Zusage Gottes: »Ihr seid meine Kinder. Ich halte unter allen Umständen zu euch.« Wir haben schon die Gewißheit, daß wir Gott vertrauensvoll als »Vater« anreden dürfen. Aber Gottes Zusage ist noch nicht greifbar und sichtbar in Erfüllung gegangen. Wir warten noch darauf, daß wir in das Kindschaftsverhältnis endgültig und öffentlich eingesetzt werden. Und mit uns wartet die ganze Schöpfung auf diesen Tag, da die Kinder Gottes nicht mehr heimlich und ängstlich, sondern öffentlich und vor aller Augen herrlich dastehen werden. Vorläufig ist den Christen von dieser herrlichen Freiheit noch wenig anzusehen. Unser neues Leben ist verborgen mit Christus in Gott (vgl. Kol 3,3).
Als Christus unter uns war, war seine Herrlichkeit auch verborgen. Sein Ende zeigt, wie wenig die Menschen erkannt haben, wer er wirklich war. Darin

ergeht es den Christen in dieser Welt nicht anders, als es Christus erging. Die herrliche Freiheit der Kinder Gottes ist noch nicht sichtbar und beweisbar. Aber sie ist uns fest zugesagt.
Als Vorschuß haben wir von Gott den heiligen Geist erhalten. Er stärkt uns den Glauben. Er hält die Hoffnung lebendig. Er läßt uns beten um die Erlösung von dem Leerlauf, der uns noch so hart bedrückt. Er macht uns unzufrieden mit uns selbst und mit dem Zustand der Welt. Er hält in uns die Sehnsucht wach nach der vollen Gemeinschaft Gottes mit seinen Geschöpfen. Amen.

Lied, EKG 111,3

## *Die Entwicklung des Tagpfauenauges – Ein Schöpfungsgleichnis in einer Osterpredigt über 1 Kor 15,35–44a*

Liebe Gemeinde!
Wie werden die Toten auferstehen? Was für einen Körper werden sie dann haben? Diese Frage kann man höhnisch stellen oder spottend. Man kann sie unsicher und zweifelnd stellen. Man kann als Glaubender die Antwort ehrlich suchen. Jeder von uns kennt diese Frage in irgendeiner Form. Keiner von uns ist damit schon ganz fertig, mag er nun ein Suchender, ein Zweifelnder oder ein Glaubender sein. »Wie werden die Toten auferstehen? Was für einen Körper werden sie dann haben?« Diese Frage wird gestellt, seit Christen bekennen, daß mit der Auferstehung Jesu der Anfang der Auferstehung *aller* Menschen gemacht ist. Auch die Christen in der lebensfrohen Hafenstadt Korinth haben seinerzeit den Gründer ihrer Gemeinde gefragt: »Wie werden die Toten auferstehen? Was für einen Körper werden sie dann haben?«
Wenn Sie schon einen Blick auf das Blatt mit dem Predigttext geworfen haben, haben Sie gemerkt: Der Apostel Paulus hat auf die Frage der Korinther mit Vergleichen aus der Natur geantwortet. Seine Vergleiche wollen deutlich machen, daß Gott schon als Schöpfer in der vergänglichen Welt um uns her das Wunder der Verwandlung vielfach geschehen läßt. Wir haben uns daran nur schon so gewöhnt, daß wir gar nicht mehr darüber staunen, wie wunderbar diese Verwandlungsvorgänge sind. Paulus hat in seiner Zeit besonders gestaunt über die Verwandlung eines harten, starren Samenkorns. Scheinbar tot wird es in die Erde gelegt, äußerlich ähnlich, wie wenn wir einen Toten in die Erde legen. Aus dem harten, starren Samenkorn wächst eine Pflanze heraus, die total anders aussieht als vorher das Samenkorn. Und doch ist da ein Zusammenhang.
Einen anderen Vergleich habe ich bei Karl Heim gefunden. Karl Heim, ein Theologieprofessor, der 1958 gestorben ist, hat immer wieder die Beobach-

tungen und Erkenntnisse der Naturwissenschaft verglichen mit den Aussagen der Bibel und hat die Erkenntnisse der Naturwissenschaft in das Gespräch der Theologen eingebracht. Die Relativitätstheorie seines Zeitgenossen Albert Einstein bedeutete für das gesamte Weltbild der Physik eine Revolution. Der Theologe K. Heim hat die Tragweite der Relativitätstheorie Albert Einsteins bereits begriffen, als manche Fachgelehrte dieser Theorie noch skeptisch gegenüberstanden. K. Heim hat in einer Auslegung des Abschnitts aus 1 Kor 15 an Verwandlungsvorgänge in der Natur erinnert, besonders an die Entstehung eines Schmetterlings aus einer Raupe, die sich verpuppt. Als ich das las, hatte ich die Idee, im Ostergottesdienst einige Dias von der Entstehung eines Schmetterlings zu zeigen.
(Aus der Kreisbildstelle hatte ich mir eine Serie von Farbdias »Die Entwicklung des Tagpfauenauges« ausgeliehen.)

*1. Bild*:
Das sind Raupen des Tagpfauenauges. Sie fressen Brennesselblätter. Nicht jeder wird diese Raupe schön finden. Und keiner, der es nicht schon weiß, wird beim Betrachten dieses schwarzglänzenden Stachelwesens auf den Gedanken kommen, daß daraus ein farbenfroher Schmetterling entstehen könnte.
*2. Bild*:
Die Raupe wird sich jetzt bald verpuppen. Aus ihr wird dann auch eine äußerlich starr erscheinende Puppenhülle wie die schon am Stengel der Brennessel befestigte Puppenhülle.
*3. Bild*:
Hier sehen wir, wie die Raupenhaut abgestreift wird. Darunter kommt die Puppe zum Vorschein.
*4. Bild*:
Einige Zeit bleibt die Puppe hängen. Im Schutz ihrer festen Hülle entwickelt sich der Schmetterling. Das Foto zeigt den Moment, in dem die Puppenhülle aufplatzt.
*5. Bild*:
20 Sekunden später ist schon der Kopf des Falters zu sehen.
*6. Bild*:
Nach einer weiteren Minute ist der Falter ganz aus der Hülle herausgeschlüpft.
*7. Bild*:
Hier sehen wir ihn mit zusammengeklappten Flügeln. Die Unterseiten der Flügel sind unauffällig schwarzbraun.
*8. Bild*:
Jetzt kann das Tagpfauenauge fliegen. Es zeigt sich uns in seiner ganzen Pracht. Ein herrliches Geschöpf unter den vielen herrlichen Geschöpfen Gottes.

Nach einem Gemeindelied folgte als zweiter Teil der Predigt:

Liebe Gemeinde!
Das prächtige Tagpfauenauge war eingeschlossen, in der Puppenhülle eingeschlossen wie in einer Grabkammer. Äußerlich war nichts zu erkennen von der Wandlung, die da im Innern vor sich ging. Aber am Ende hat der fertige Schmetterling die Puppenhülle leer zurückgelassen, so wie Christus sein Felsengrab leer zurückließ.
Dieser Vorgang der Natur kann uns zum Gleichnis werden für Gottes Schöpfermacht. K. Heim sagt dazu: Wenn Gott schon in der vergänglichen Welt solche Wunder der Verwandlung geschehen läßt, warum sollten wir dann da nicht mit seiner Allmacht rechnen, wo es darum geht, seine Menschenkinder zu befreien aus der Gefangenschaft der vergänglichen Welt?
Wenn Gott als Schöpfer so erstaunliche Verwandlungen bewirkt, warum sollte dann der Erlöser nicht auch ähnlich wunderbare Verwandlungen geschehen lassen? Paulus erwähnt das Aussäen eines Getreidekorns. Das Weizenkorn muß seine Form auflösen, nachdem es in die Erde gelegt wurde. Das ist die unerläßliche Voraussetzung für das neue Leben. Sonst kann keine Pflanze daraus hervorgehen. Der Tod ist die Bedingung des neuen Lebens. Indem Paulus diesen Vergleich gebraucht, sagt er indirekt über uns: Unser Tod ist die Bedingung unseres neuen Lebens. Jesus mußte durch das Sterben hindurch. Hinein ins Grab. Was *ihm* nicht erspart geblieben ist, wird auch unser Schicksal sein. Aber aus dem Grab ist Jesus zu neuem Leben auferstanden. Nicht weil das bei allen Menschen ein automatischer Ablauf wäre wie beim Weizenkorn und beim Tagpfauenauge, sondern weil Gott als Erlöser eingegriffen hat. Weil er seine Erlösermacht eingesetzt hat gegen die Todesmacht. Aber was ich eben einen automatischen Ablauf genannt habe, das Hervorsprossen des Getreidehalms aus dem Korn und das Platzen der Puppenhülle, die den Falter freigibt, das ist ja nur deswegen ein automatischer Ablauf, weil der Schöpfer dahintersteht, weil er die Gesetze der Natur garantiert. Die Auferstehung von den Toten ist im Gegensatz zur »Auferstehung« des Getreidehalms und des Schmetterlings kein Naturvorgang, kein Werk des Schöpfers, sondern ein Werk des Erlösers, des Neuschöpfers. Mit der Auferweckung Jesu von den Toten hat die neue Schöpfung begonnen. Sie wird an die Stelle dieser alten Schöpfung treten, so wie ein neues Haus an die Stelle eines alten Hauses tritt, das baufällig geworden ist und daher abgebrochen wird.
»Wie werden die Toten auferstehen?« Was für einen Körper werden sie dann haben, wenn der alte Körper zerfallen ist in die Moleküle von Wasser und Kohlenstoff, von Calcium, Silicium usw.? Auf diese Frage, die spöttisch oder zweifelnd oder ernsthaft suchend gestellt wird, antwortet Paulus mit dem Hinweis auf die Fülle der verschiedenen Gestalten, die Gott geschaffen hat. Der Apostel sagt: Schaut euch doch diesen überwältigenden Formen-

reichtum der Schöpfung an! Tiere, Vögel, Fische, Menschen! Schaut euch die Vielfalt wimmelnden Lebens an! Holt euch einen einzigen Wassertropfen aus einem Tümpel und betrachtet ihn unter dem Mikroskop: Welche Vielfalt wimmelnden Lebens! Schaut euch die Herrlichkeit des Weltraums an: das rötliche Licht des Planeten Mars; die blendende Helligkeit der Sonne, wenn sie im Zenit steht; die bläuliche Pracht ihres Strahlenkranzes, die Astronomen nennen sie »Corona«, die bei Sonnenfinsternissen von Observatorien aus fotografiert werden kann; die Sternschnuppen, also das Aufglühen der Meteoriten beim Eintauchen in die Erdatmosphäre; die Galaxie im Sternbild des Orion, die wie ein Nebelfetzen aussieht und ungeheuer fern von uns ist. Unbeschreiblich groß ist der Formenreichtum alles Geschaffenen. Gottes Schaffen hat unbegrenzte Möglichkeiten. Darum nennt Paulus den, der fragt: »Wie werden die Toten auferstehen?«, einen »Narren«. Ein »Narr« ist in der Sprache der Bibel etwas anderes als ein »Dubel« (dies ist ein geläufiges Schimpfwort in Lörrach, wo die Predigt gehalten wurde) oder »Simpel«. »Narr« wird einer nicht genannt, weil er angeblich zu heiß gebadet worden sei, sondern weil er sein Leben so einrichtet, als ob es Gott nicht gäbe. In der biblischen Ausdrucksweise ist ein »Narr« einer, der vielleicht einen hohen Intelligenzquotienten hat, aber in seinem Denken nicht mit Gottes Möglichkeiten rechnet. Paulus antwortet nicht direkt auf die Frage: »Wie werden die Toten auferstehen?« Er antwortet mit dem Hinweis auf Gottes Macht, auf die Fülle der gestalterischen Möglichkeiten Gottes. Wenn sich diese gestalterischen Möglichkeiten schon in Gottes Schöpfungswerk in solcher Fülle zeigen, warum sollten sie dann Gott bei seinem Erlösungswerk nicht auch zur Verfügung stehen? Daran hängt freilich alles: an Gottes Willen und an Gottes Macht zur Neuschöpfung.

Die Begründung für unsere Hoffnung auf die Auferstehung der Toten liegt nicht in den Bildern und Gleichnissen aus der Natur. Die Begründung liegt allein im biblischen Zeugnis von der Auferstehung Jesu. Das ist der Anfang der neuen Schöpfung. Martin Luther hat dazu gesagt: »Denn wer nicht glauben will und sich nicht läßt bewegen durch Gottes Wort und das Exempel oder Erfahrung der angefangenen Auferstehung in Christo, dem predigt man wohl auch vergeblich von Gleichnissen und Bildern.«

Wo uns die direkte Anschauung noch fehlt, bleibt uns die Sprache der Bilder und Gleichnisse. Amen.

## *Ein bebildeter Lebenslauf als Teil der Predigt*

### *Der Glaube auf der Teststrecke eines harten Lebens*
### *Predigt über Lk 22,31-32a zum Gedenken an Paul Gerhardt*

Die Verkündigung war zweiteilig. Zunächst wurde anhand einzelner Dias, die aus zwei Serien kombiniert worden waren, ein Lebensbild Paul Gerhardts gegeben, dann folgte die Predigt als Auslegung von Lk 22,31–32a.

*1. Bild:*
Liebe Gemeinde!
Das ist Paul Gerhardt, der Mann, dem wir einen großen Teil unserer schönsten Kirchenlieder verdanken. Seine Worte können uns durchs Leben begleiten. Am Jahresanfang »Nun laßt uns gehn und treten«, im Frühling »Geh aus mein Herz«. Wenn wir einen schweren Gang gehen müssen »Befiehl du deine Wege«. Paul Gerhardts Lieder begleiten uns auch durchs Kirchenjahr: »Wie soll ich dich empfangen«. »Ich steh an deiner Krippen hier«. »O Haupt voll Blut und Wunden«. »Auf, auf, mein Herz, mit Freuden«.
Warum war diesem Mann so zum Dichten und zum Singen zumute? War er ein Glückspilz? Lebte er in friedlichen Wohlstandszeiten wie wir? Wir werden sehen, daß ihm angesichts seines harten Lebens eigentlich nicht zum Singen zumute sein konnte.

*2. Bild*:
Im sächsischen Städtchen Gräfenhainichen wurde Paul Gerhardt am 12. März 1607 geboren. Als Paul elf Jahre alt war, begann der Krieg, den man später den Dreißigjährigen Krieg nannte. Während dieses Krieges wurde auch Pauls Elternhaus ein Raub der Flammen. An dem Haus, das an derselben Stelle erbaut ist, wurde eine Gedenktafel angebracht. Der Zwölfjährige verlor bereits den Vater. Zwei Jahre später starb auch seine Mutter.

*3. Bild:*
Das ist die Stadt Grimma mit ihrer sogenannten »Fürstenschule«. Von seinem 15. Lebensjahr an besuchte der Vollwaise Paul diese Schule. Während des großen Krieges starben in Grimma in einem Jahr 350 Personen an der Pest. Die Leitung der Schule beurlaubte alle Schüler, die nach Hause wollten. 50 Zöglinge wichen der Seuche aus. Paul Gerhardt blieb mit einem kleinen Rest zurück.

*4. Bild:*
Eines der schrecklichsten Ereignisse des Krieges war der Untergang der Stadt Magdeburg. Sie wurde durch den Feldherrn Tilly erobert und zerstört. Furchtbar wüteten und mordeten die Soldaten.

*5. Bild:*
Das ist die Universitätsstadt Wittenberg. Hier begann Paul Gerhardt 1628 sein Theologiestudium. Er blieb etwa 14 Jahre lang Student in dieser Stadt. Vermutlich hängt seine lange Studienzeit mit den Kriegsereignissen zusammen.

*6. Bild:*
Im Alter von 35 Jahren zog er nach Berlin. Dort wohnte er im Hause des Juristen Berthold. Als dürftig bezahlter Hauslehrer brachte er den Kindern Latein und Griechisch bei. Während der neun Jahre in Berlin sind sehr viele seiner Lieder entstanden.

*7. Bild:*
In Mittenwalde übernahm er im Alter von 43 Jahren seine erste Pfarrstelle. Warum er so spät ins Pfarramt ging, bleibt ein Rätsel.

*8. Bild:*
An der Moritzkirche in Mittenwalde war er Propst, das heißt: erster Pfarrer.

*9. Bild:*
Das ist das Innere der St. Moritzkirche. Einer der Vorgänger Paul Gerhardts im Pfarramt war an den Stufen dieses Altars von räuberischen Soldaten niedergeschossen worden, als er die Altargeräte vor ihnen in Sicherheit bringen wollte.

*10. Bild:*
Die Kirche enthielt schon zur Zeit Paul Gerhardts einen Flügelaltar, auf dessen Sockel sich diese Darstellung befindet. Wenn Paul Gerhardt Gottesdienst hielt, hatte er jedesmal das Antlitz mit der Dornenkrone vor Augen. Sein Lied »O Haupt voll Blut und Wunden« ist in Mittenwalde entstanden.

*11. Bild:*
Hier haben wir eine Seite des Kirchenbuchs vor uns, in das Paul Gerhardt seine Taufen, Trauungen und Beerdigungen eingetragen hat. Er selber hat erst im Alter von 48 Jahren eine Familie gegründet. 1655 heiratete er Anna-Maria Berthold, eine Tochter des Juristen, in dessen Haus er in seiner Berliner Zeit die Kinder unterrichtet hatte. Die Ehe dauerte nur 13 Jahre, war aber sehr glücklich. Man spürt es noch ein wenig an einem Lied, das auch in unserem Gesangbuch steht. Darin heißt es: »Wenn Mann und Weib sich wohl verstehn und unverrückt zusammengehn im Bande reiner Treue, da geht das Glück in vollem Lauf, da sieht man, wie der Engel Hauf im Himmel selbst sich freue. Kein Sturm, kein Wurm kann zerschlagen, kann zernagen, was Gott gibet dem Paar, das in ihm sich liebet« (EKG 172,2).

*12. Bild:*
Ein Jahr nach der Hochzeit wurde dem Paar das erste Kind, eine Tochter, geboren. Auf Paul Gerhardts 50. Geburtstag aber fiel ein tiefer Schatten, als

dieses Kind schon in seinem ersten Lebensjahr den Eltern wieder entrissen wurde. Hier sehen wir die Grabtafel. Von den fünf Kindern aus Paul Gerhardts Ehe sind vier früh verstorben.

*13. Bild:*
Das ist die St. Nicolai-Kirche in Berlin. Im Jahre 1657 wurde Paul Gerhardt einstimmig zum Pfarrer an dieser Kirche gewählt. Diese zweite Berliner Zeit bildete den äußeren Höhepunkt in seinem Leben.

*14. Bild:*
Das Wirken auf der Kanzel von St. Nicolai fand ein unverhofftes Ende. Der damalige Fürst von Brandenburg, der »Große Kurfürst«, wollte die Streitigkeiten innerhalb der evangelischen Kirche mit einem Machtwort beenden. Der Große Kurfürst hat recht selbstherrlich in das Leben der Kirchengemeinden eingegriffen. Er verbot den Pfarrern, in ihren Predigten gegen Lehren anderer Theologen und anderer Konfessionen, die sie für falsch hielten, Stellung zu nehmen. Außerdem verbot er seinen Untertanen das Studium an der Universität Wittenberg. Damals war Wittenberg die Hochburg der Lutheraner. Die Pfarrer der Mark Brandenburg mußten durch ihre Unterschrift bestätigen, daß sie sich im Sinne der Regierung verhalten würden. Paul Gerhardt und andere Pfarrer leisteten die verlangten Unterschriften nicht. Sie wurden daraufhin entlassen. Seine Gemeinde lief Sturm gegen diese Entscheidung der Regierung. Der Kurfürst wollte den beliebten Pfarrer schließlich auch wieder ins Amt einsetzen, er bestand aber darauf, daß dieser sich auch ohne Unterschrift im Sinne der Anordnungen der Regierung verhalten müsse.

*15. Bild:*
Paul Gerhardt wollte keine faulen Kompromisse. Er war in seinem Gewissen gebunden an die Verpflichtung auf die lutherische Lehre. Bei seiner Einführung ins Pfarramt hatte er sich verpflichtet, sich an diese Lehre zu halten. In Gewissensdingen war der Mann, der sonst so friedlich war, unbeugsam und kämpferisch. In seiner Erklärung an den Kurfürsten, deren Schlußteil wir hier sehen, heißt es: »Was mit bösem Gewissen geschieht, ist Gott ein Greuel und zieht nicht den Segen, sondern den Fluch nach sich, womit aber weder meiner Gemeinde noch mir würde geraten sein.« Daraufhin wurde Paul Gerhardt endgültig entlassen. Er stand als 61jähriger Mann ohne Pension da.

*16. Bild:*
Von der St. Nicolai-Kirche mußte er Abschied nehmen. Hier sehen wir ein Bild der Kirche aus späterer Zeit. Ein halbes Jahr vor der zwangsweisen Entfernung aus dem Amt starb seine Frau Anna-Maria nach nur 13jähriger Ehe. Sie wurde in der St. Nicolai-Kirche begraben, die ihr Mann bald darauf nicht mehr betreten durfte.

*17. Bild:*
Nach der Entlassung hatte er fast drei Jahre ohne irgendein Amt und ohne feste Einkünfte zu überstehen. Freunde und dankbare Gemeindeglieder haben ihn versorgt. 1669 wurde ihm die Pfarrstelle Lübben im Spreewald vermittelt. Hier sehen wir die Kirche in Lübben. Im Pfarrhaus führte ihm eine Schwägerin den Haushalt. Auch sie starb fünf Jahre später.

*18. Bild:*
Das einzige Bild von Paul Gerhardt, das uns erhalten ist: ein Gemälde in der Lübbener Kirche. Am 27. Mai 1676 ist Paul Gerhardt gestorben. In der Kirche, in der er die letzten sieben Jahre gewirkt hatte, wurde er beerdigt.

*19. Bild:*
In einem Lied, das er zehn Jahre vor seinem Tode gedichtet hat, sagt er:
»Mich hat auf meinen Wegen manch harter Sturm erschreckt;
Blitz, Donner, Wind und Regen hat mir manch Angst erweckt.
Verfolgung, Haß und Neiden, ob ich's gleich nicht verschuldt,
hab ich doch müssen leiden und tragen mit Geduld« (EKG 326,3).

Gemeindelied, EKG 294,1 + 2

Liebe Gemeinde!
Der lateinische Grabspruch Paul Gerhardts lautet: »theologus in cribo Satanae versatus«. Auf deutsch: »Ein im Sieb des Satans geschüttelter Theologe«. In einem Sieb hat man früher Spreu vom Weizen getrennt. Im Neuen Testament begegnet uns das Bild vom Sieb für die Prüfung des Glaubens. In Lk 22,31–32a steht: »Simon, Simon, siehe der Satan hat euer begehrt, daß er euch möchte sichten wie den Weizen. Ich aber habe für dich gebeten, daß dein Glaube nicht aufhöre.«

Liebe Gemeinde! Warum hat dieser Mann den Glauben durchgehalten? Warum wurde er, der früh Elternlose, dessen Jugendjahre durch die Brutalitäten des Krieges verdüstert waren, warum wurde er nicht selbst ein Finsterling oder ein Zyniker oder ein kalter Egoist, nur auf seinen Vorteil bedacht, die Ellbogen gebrauchend? Warum hat sein Glaube nicht aufgehört, obwohl die Ereignisse in der Welt und in seinem persönlichen Leben scheinbar dagegensprachen, daß man einem jungen Menschen sagen könnte: »Dem Herren mußt du trauen, wenn dir's soll wohlergehen«? Daß Paul Gerhardts Glaube erhalten blieb, läßt sich, so glaube ich, nur erklären mit der Fürbitte Jesu Christi. Der hat schon seinem Jünger Simon Petrus gesagt: »Ich habe für dich gebeten, daß dein Glaube nicht aufhöre.«
Manche von uns machen sich Sorgen um den Glauben der heranwachsenden Generation. Werden unsere Konfirmanden, werden überhaupt die jungen

Leute von ihrem Gottvertrauen etwas hinüberretten in die wahrscheinlich harten Jahre des beruflichen Einsatzes? Und hinüberretten in die hoffentlich glückliche Zeit, in der sie mit einem Ehepartner verbunden sind? Wenn uns solche Sorgen beschäftigen, kann uns die Erinnerung daran helfen, daß Christus mit seiner Fürbitte eine Mauer baut. Im Schutz dieser Mauer kann zu allen Zeiten der Glaube entstehen, kann sich entfalten und kann wachsen.
Manche schlagen sich herum mit der Frage des Leides in der Welt. Die Gewalttaten, an denen leider auch Christen beteiligt sind, die Hungersnöte und die Katastrophen – sie scheinen unvereinbar zu sein mit dem Glauben daran, daß Gott »die ganze weite Welt in Händen hat«. Aber ärgere Untaten, als sie die Christen während des Dreißigjährigen Krieges in Deutschland begangen haben, begehen sie heute in Irland oder im Libanon auch nicht. Vor 300 Jahren wurde der Glaube durch die Weltereignisse nicht weniger in Frage gestellt als in unserer Zeit. Aber mitten in solcher Infragestellung hat Christus den Glauben Paul Gerhardts und ungezählter anderer Menschen erhalten. Durch seine Fürbitte hat er verhindert, daß der Glaube aufhörte. Wenn es einem, der Schweres durchmachen mußte, nicht möglich ist oder nicht mehr möglich ist, an Gottes Fürsorge zu glauben, dann haben wir gewiß nicht das Recht, einen solchen Menschen zu verurteilen. Wir werden dann gut daran tun, wenn wir, im Vertrauen auf Christi Fürbitte für ihn, darum beten, daß sein Glaube sich aller Infragestellung zum Trotz dennoch erhalten kann. Aber mir fällt auf, daß es gerade solche Leute sind, denen es eigentlich recht gutgeht, die mit dem Argument kommen: Wegen der vielen Schrecken und Übel dieser Welt kann ich nicht an Gott glauben.
Daß Gott die Macht hat, einen Menschen zum Glauben zu führen und im Glauben zu erhalten, mitten in Angst und Schrecken, das zeigt beispielhaft das Leben des Paul Gerhardt. Auch in unserer Zeit sind es ja oft gerade die, denen das Leben übel mitgespielt hat, welche trotzdem im Glauben erhalten werden. Die fürbittende Kraft Christi ist eben größer als die verneinende Kraft des Bösen. Im Vertrauen auf die fürbittende Kraft Christi können wir auch angesichts der Schreckensnachrichten in unserer Zeit den Glauben wahren. Durch sein Gebet baut er für uns eine Schutzwand auf. Sie verhindert, daß der scharfe Wind, der etwa im Geschäftsleben pfeift, das kleine Licht unseres Glaubens ausbläst. Und immer, wenn das Licht unseres Glaubens zu flackern beginnt, können wir uns auf die Verheißung Christi besinnen: »Siehe, ich habe für dich gebeten, daß dein Glaube nicht aufhöre.«
Von dieser Verheißung geht Kraft aus. In der Kraft dieser Verheißung können wir auch dann zu glauben anfangen oder den Glauben durchhalten, wenn uns das Leben übel mitspielt. Gewiß setzt die Macht der Finsternis alles ein, um unser Dasein zu verfinstern. Das ist ihr Ziel, daß es Nacht werde um uns her und daß wir uns in der Nacht der Verzweiflung von Gott lossagen, uns aufgeben, uns treiben lassen, ohne dem Bösen zu widerstehen. Aber Jesus ist stärker als die Macht der Finsternis. Und wenn über einen Menschen auch

vieles hereinbräche, was ihm den Lebensmut nehmen könnte, auch dann kann uns Jesus in seiner Fürbitte festen Boden unter die Füße geben, so daß wir nicht versinken in den Fluten der Schwermut und der Resignation. Paul Gerhardt hat seine Glaubenserfahrung in die Worte gefaßt: »Ist Gott für mich, so trete gleich alles wider mich. Sooft ich ruf und bete, weicht alles hinter sich.«

Mancherlei ist gegen ihn angetreten. Mancherlei hat versucht, seinen Glauben zu besiegen und seinem Gottvertrauen den Garaus zu machen. Als die Heimatstadt im Krieg zerstört wurde, fiel auch der Bruder mit seiner Familie der verrohten Soldateska zum Opfer. Die Angst vor der Pest ging um, die jährlich mehr und mehr Menschen hinwegraffte. Schließlich die vielleicht schwerste Attacke auf seinen Glauben: als er ein Kind nach dem anderen hergeben mußte. Später die Einsamkeit nach dem Tod seiner Frau. Nicht zu vergessen die Auseinandersetzung mit der Regierung, die mit Entlassung endete und ihm jede äußere Sicherung nahm. Was hat die Macht der Finsternis doch alles aufgeboten, um diesen Mann Paul Gerhardt vielleicht doch zum Verstummen zu bringen! Um zu erreichen, daß er nicht mehr von Gottes ewiger Treue und Gnade dichten, singen und predigen würde! Das war doch die unheimliche Absicht aller dieser Attacken auf den Dichter: Er sollte nicht mehr reden von der »allertreusten Pflege des, der den Himmel lenkt«.

Auch in unserer Zeit liegt es noch ganz offen zutage, daß tausend Kräfte und Vorgänge zusammenwirken zu dem einen Ziel, Menschen am Glauben zu hindern und den Glauben erst gar nicht aufkeimen zu lassen. Oder spätestens dann, wenn er zu wachsen angefangen hat wie eine junge Pflanze, ihm Licht und Luft zu entziehen, ihn verkümmern und ersticken zu lassen. Jesus hat diese glaubensfeindlichen und lebenszerstörerischen Kräfte in dem Wort an den Jünger Simon personifiziert in der Gestalt Satans, des Verklägers. Der Satan ist die Gestalt, die alle Argumente gegen Gott aufbietet und unablässig dabei ist, den Glauben zu widerlegen und die Hoffnung, die Liebe und das Vertrauen madig zu machen, den Lebensmut und die Freude zu dampfen. Und Jesus hat im Wort an Simon diesem satanischen Wirken auch einen Sinn gegeben. Oder vielmehr: Er hat aufgedeckt, was dieses satanische Wirken allenfalls noch kann. Es kann nämlich nicht gegen Gottes Willen und seine Macht einen Menschen herausreißen aus der Geborgenheit im Glauben an Christus. Das Wirken Satans, des großen Menschenfeindes und Anklägers Gottes, es kann allenfalls die Spreu vom Weizen trennen. Jesus sagt: Der Satan darf die Jünger »sichten wie den Weizen«. Er darf sie schütteln in seinem Sieb. So kommt ans Licht, wer zur leichten Spreu gehört, wessen Dasein kein Gewicht hat und wer zu den Weizenkörnern gehört, die den Keim des neuen Lebens in sich tragen. So hat jemand die Chance, rechtzeitig zu merken, daß sein Glaube gar kein Gewicht mehr hat, sondern bloß eine leere Hülse ist. Wenn uns der Widersacher Gottes über die Teststrecke eines harten Lebens schickt, dann merkt er vielleicht, daß unser Glaube nur noch eine hohle Formsache ist und daß er keinen harten Kern mehr hat. Wohl uns, wenn *wir* das noch rechtzeitig merken! Denn dann können wir in der Dürftigkeit unseres Kleinglaubens Christus um Abhilfe bitten. Er kann in unsere leergewordene Hülse den Keim des neuen Lebens legen. Er kann dem zur bloßen Formsache gewordenen Glauben wieder die Kraft geben, unser Leben zu gestalten. Darum ist es vielleicht gut, wenn unser Glaube dem Test eines harten Lebens ausgesetzt wird.

Paul Gerhardt ist ein Leben lang im Sieb des Satans geschüttelt worden. Sein Lebensweg war eine lange, schwere Teststrecke für seinen Glauben. Aber er hielt unbeirrbar daran fest: Gott ist für mich, auch wenn sich scheinbar alles gegen mich verbündet.

Wenn uns das Leben zu einer harten Teststrecke für den Glauben wird, können wir nur im Vertrauen auf die Fürbitte Jesu bestehen. Und wenn wir einmal meinen, wir hätten allen Glauben verloren, dann werden wir auch in dieser Lage von Jesus nicht im Stich gelassen. Wenn er durch sein Gebet schaffen will, daß unser Glaube nicht aufhöre, dann kann er auch schaffen, daß unser Glaube neu anfängt, wenn er einmal erloschen war. Und wenn die Menschen so mit uns umspringen, daß wir allen Lebensmut verlieren, dann sind wir in der Lage, in der Paul Gerhardt sagt: »Wenn gar kein einzger mehr auf Erden, dessen Treue du darfst trauen, alsdann will er dein Treuster werden und zu deinem Besten schauen. Er weiß dein Leid und heimlich Grämen, auch weiß er Zeit, dir's abzunehmen« (EKG 295,4). Amen.

# Fragebogen für Konfirmanden

Bringe bitte nach dem Gottesdienst deine Meinung über die *heutige* Predigt zum Ausdruck.
Kreuze bei jedem der Punkte den Satz an, der deiner Meinung am nächsten kommt. Deinen Namen brauchst du nicht anzugeben.

1. Ich fühlte mich durch die Predigt angesprochen . . . . . . . . . . . . . . . ( )
   Ich fühlte mich durch die Predigt teilweise angesprochen . . . . . . . ( )
   Ich fühlte mich durch die Predigt kaum angesprochen . . . . . . . . . ( )
   Ich fühlte mich durch die Predigt nicht angesprochen . . . . . . . . . . ( )
   Keine Meinung; kann ich nicht beantworten . . . . . . . . . . . . . . . . ( )

2. Ich fand die Predigt immer langweilig . . . . . . . . . . . . . . . . . . . . . . ( )
   Ich fand die Predigt ab und zu langweilig . . . . . . . . . . . . . . . . . . . ( )
   Bei der Predigt habe ich streckenweise gern zugehört . . . . . . . . . . ( )
   Die Predigt war manchmal beinahe spannend . . . . . . . . . . . . . . . . ( )
   Keine Meinung; kann ich nicht beurteilen . . . . . . . . . . . . . . . . . . ( )

3. Ich konnte bei der Predigt sehr gut zuhören . . . . . . . . . . . . . . . . . ( )
   Das Zuhören ist mir manchmal schwergefallen . . . . . . . . . . . . . . . ( )
   Zwischendurch habe ich immer wieder abgeschaltet . . . . . . . . . . . ( )
   Von der Predigt habe ich überhaupt nichts mitbekommen . . . . . . . ( )
   Keine Meinung; kann ich nicht beantworten . . . . . . . . . . . . . . . . ( )

4. Über die Predigt habe ich mich gefreut . . . . . . . . . . . . . . . . . . . . . ( )
   Über die Predigt habe ich mich geärgert . . . . . . . . . . . . . . . . . . . . ( )
   Über die Predigt habe ich mich weder gefreut noch geärgert . . . . . ( )
   Keine Meinung; kann ich nicht beantworten . . . . . . . . . . . . . . . . ( )

5. Von dem, was gesagt wurde, habe ich viel behalten . . . . . . . . . . . . ( )
   Von dem, was gesagt wurde, habe ich einiges behalten . . . . . . . . . ( )
   Von dem, was gesagt wurde, habe ich wenig behalten . . . . . . . . . . ( )
   Von dem, was gesagt wurde, habe ich nichts behalten . . . . . . . . . . ( )
   Keine Meinung; kann ich nicht beantworten . . . . . . . . . . . . . . . . ( )

6. Zur Predigt gehört ein Abschnitt aus der Bibel, der als Predigttext vorgelesen wird. Wurde dir heute klar, was die Predigt mit dem biblischen Predigttext zu tun hatte?
Die Predigt hatte mit dem biblischen Text fast nichts zu tun . . . . . ( )
Die Predigt hatte mit dem biblischen Text nur wenig zu tun . . . . . ( )
Die Predigt hat den biblischen Text verständlich ausgelegt . . . . . . . ( )
Die Predigt hat den biblischen Text für mich sehr gut erklärt . . . . . ( )
Keine Meinung; kann ich nicht beantworten . . . . . . . . . . . . . . . . . ( )

7. Die Predigt habe ich ganz begriffen . . . . . . . . . . . . . . . . . . . . . . . ( )
Von der Predigt habe ich höchstens die Hälfte begriffen . . . . . . . . . ( )
Von der Predigt habe ich nur sehr wenig begriffen . . . . . . . . . . . . . ( )
Von der Predigt habe ich überhaupt nichts begriffen . . . . . . . . . . . ( )
Keine Meinung; kann ich nicht beantworten . . . . . . . . . . . . . . . . . ( )

8. In der Predigt wurde mir Mut gemacht; ich komme mir hinterher ganz zuversichtlich vor . . . . . . . . . . . . . . . . . . . . . . . . . . . . . . . . . . . . . ( )
In der Predigt wurde ich kleingemacht; ich komme mir hinterher ganz schlecht vor . . . . . . . . . . . . . . . . . . . . . . . . . . . . . . . . . . . . . . . . . ( )
Es war mir egal, was gesagt wurde; die Predigt ließ mich völlig kalt ( )
Keine Meinung; kann ich nicht beantworten . . . . . . . . . . . . . . . . . ( )

9. Auf die Predigt hätte ich verzichten können . . . . . . . . . . . . . . . . . ( )
Daß ich die Predigt gehört habe, bereue ich nicht . . . . . . . . . . . . . ( )
Die Predigt hat mir gut gefallen; ich komme gern wieder . . . . . . . ( )
Keine Meinung; kann ich nicht beantworten . . . . . . . . . . . . . . . . . ( )

10. Was war für dich das Wichtigste? Nenne einen Gedanken oder einen Satz.

________________________________________

________________________________________

11. Welche Fragen willst du zur Predigt stellen?

________________________________________

________________________________________

________________________________________

12. Was willst du gegen das, was in der Predigt gesagt wurde, an Einwänden vorbringen?

________________________________________

________________________________________

________________________________________

# Anmerkungen

## Mein Weg zum Thema

1 H. Frisch, Tagebuch einer Pastorin, Frankfurt/Main 1980,83.
2 W. Trillhaas, Evangelische Predigtlehre, München $^{5}$1964, 184.
3 O. Weber, Wort und Antwort. Predigten und Erwägungen zur Predigt, Neukirchen-Vluyn, 1966, 44.
4 M. Schwekendiek, Zur Rezeption der Predigt bei Konfirmanden, Werkstatt Predigt. Eine homiletische Korrespondenz Nr. 16, Nov. 1975, 2–16, hat bei den von ihm befragten Pastoren festgestellt, daß ihnen nicht bewußt war, daß die Konfirmanden »die eindeutig größte geschlossene Gruppe unter den Gottesdienstbesuchern« stellen.

## I Die Konfirmanden als Herausforderung für den Prediger

1 Aus dem Bericht eines Lehrvikars.
2 H. Frisch, Tagebuch einer Pastorin, Frankfurt/Main 1980,82.
3 Vgl. u.a. P. Horst/L. Keller, Konfirmandenkurse in Baunatal, Gelnhausen/Berlin 1972, 13. – K. Meyer zu Uptrup, Konfirmandenunterricht – aber wie?, Gütersloh 1978, 36.
4 H. Siegel, in: Handbuch für die Konfirmandenarbeit, hg. vom Comenius-Institut in Verbindung mit dem Verein für KU-Praxis, Gütersloh 1984, 145.
5 B. Arnold, »Unverständlich und langweilig?« Homiletische Überlegungen für eine Predigtweise, durch die auch Konfirmanden angesprochen werden. Arbeit im zweiten Dienstjahr 1985.
6 W. Neidhart, Konfirmandenunterricht in der Volkskirche, Zürich 1964, 123.
7 P. Horst/L. Keller, aaO., 13.
8 Wenn K. Meyer zu Uptrup aaO., 37 schreibt: ». . . damit, daß wir unsere Konfirmanden in die sonntäglichen Gottesdienste zwingen, ist es auch nicht getan. Der seelische Schaden durch Kontrollkärtchen überwiegt oft ihren Segen«, will ich das nicht bestreiten, aber doch zu bedenken geben: Nur wenige Familien werden eine Gottesdienstteilnahme, die von ihren Konfirmanden nicht verpflichtend gefordert wird, von sich aus fördern; wenige werden sie freundlich tolerieren. In zahlreichen Familien würden die Konfirmanden sogar auf Unverständnis und Ablehnung stoßen, wenn sie von sich aus den ehrlichen Wunsch äußerten, am Gottesdienst teilzunehmen und so mit den üblichen Familiensitten des Sonntagmorgens, wie

Ausschlafen, gemütliches Frühstück oder Ausflug mit dem Auto, ins Gehege kämen. (Vgl. G. Schmidtchen, Gottesdienst in einer rationalen Welt. Religionssoziologische Untersuchungen im Bereich der VELKD, Stuttgart 1973, 85f.) Manche Konfirmanden brauchen das Gebot verpflichtender Teilnahme als Schutz, um überhaupt während der Konfirmandenzeit aus ehrlichem eigenem Interesse zum Gottesdienst gehen zu können, ohne gegenüber Eltern und Geschwistern gleich ein Bekenntnis ablegen zu müssen.

9 K. Barth, Homiletik, Zürich 1966, 30.

10 Zur Aufgabe christlicher Rede, in: Predigen als Beruf. Aufsätze, hg. von R. Schloz, Stuttgart/Berlin 1976, 62.

11 Vgl. W. Neidhart, aaO., 124.

12 W. Neidhart, aaO., 123ff.

13 G. Schmidtchen, aaO., 67: Es läßt sich »sehr massiv der Nachweis führen, daß sich religiöse Motive ohne soziale Absicherung auflösen«. »Wer drei gute Freunde hat, die wenigstens gelegentlich zur Kirche gehen, zählt selbst zu den regen Kirchenbesuchern. Je mehr Freunde sporadisch oder nie zur Kirche gehen, desto geringer das Niveau eines Kirchenbesuchs der Auskunftspersonen ...«

14 K. Meyer zu Uptrup, aaO., 37: »Die Erneuerung des Konfirmandenunterrichts muß Wurzeln schlagen in einer Erneuerung des Gottesdienstes.«

15 Ebd., 205: »Unsere sonntäglichen Gottesdienste stehen und fallen, auch im Bewußtsein und in den Erwartungen ihrer Besucher, zu sehr mit der Predigt. Werden die Konfirmanden von ihr nicht angesprochen, so ist für sie die Dimension des Gottesdienstes und des Gebetes blockiert.«

16 »Wenn die erste bewußte Kontaktnahme der jungen Menschen mit der Kirche negativ ausfällt, ist es auch nicht erstaunlich, wenn sie später als Erwachsene kaum mehr am kirchlichen Leben teilnehmen« (L. Marti/M. Keller, »Mir seit das nid vil«. Konfirmanden über ihre Erfahrungen mit der Kirche, Theologia Practica 16, 1981 Heft 3/4, 36).

17 Vgl. G. Schmidtchen, aaO., der die »gesellschaftlichen Werte«, nach denen Protestanten streben, ermittelt und dabei gefragt hat, inwieweit nach Meinung der Auskunftspersonen die Kirche diese Werte fördere oder behindere; er hat herausgefunden, daß der Kirchenbesuch, »je mehr sich kirchliches und gesellschaftliches Wertsystem decken, desto stärker« ist (28).

18 O. Haendler, Die Predigt. Tiefenpsychologische Grundlagen und Grundfragen, Berlin $^{3}$1960, 234.

19 Vgl. die 6. These der Barmer Erklärung: »Der Auftrag der Kirche ... besteht darin, an Christi Statt und also im Dienst seines eigenen Wortes und Werkes durch Predigt und Sakrament die Botschaft von der freien Gnade Gottes auszurichten an alles Volk.«

20 R. Bohren, Predigtlehre, München 1971, 460.

21 AaO., 16f.

22 »Das ist ja gerade auch die Kunst des seelsorglichen Predigers, daß er seine Gemeinde nicht anpredigt, sondern schon bei der Vorbereitung der Predigt auf seinen Text im Licht der Hilferufe hört, die ihm aus der Gemeinde wie aus der Not der Zeit heraus hörbar werden« (Chr. Möller, Seelsorglich predigen. Die parakletische Dimension von Predigt, Seelsorge und Gemeinde, Göttingen 1983, 74). Es käme also darauf an, schon bei der Vorbereitung der Predigt auf den Text auch im

Lichte der Hilferufe zu hören, die aus der Konfirmandengruppe heraus hörbar werden.

23 Einfühlsam, ausführlich und im ständigen Dialog mit humanwissenschaftlichen Erkenntnissen beschreibt W. Jentsch, Handbuch der Jugendseelsorge, Teil II. Theologie der Jugendseelsorge, Gütersloh 1963, 397ff: »Die Anfechtung des Glaubens« Jugendlicher. Die »besondere Anfechtungsgestalt des Jugendalters« charakterisiert er u. a. so: »Glaubensanfechtung und Entwicklungsanfechtung gehen ineinander über ... Nicht nur der Seelsorger, auch der Jugendliche selbst kann sich dabei über die Motive täuschen. Manches, was wie eine Glaubensanfechtung aussieht, ist im Grunde genommen entwicklungsmäßig bedingt und umgekehrt« (400).

24 I. Baldermann, Die Bibel – Buch des Lernens, Göttingen 1980, 112.

## II Der Konfirmand als Kriterium? – Theologische Begründung einer konfirmandengemäßen Predigt

1 Die folgenden Ausführungen fußen auf H. Conzelmann, Der erste Brief an die Korinther, Göttingen 1969.

2 Eine »narrative Exegese« dieses Abschnittes hat W. J. Hollenweger vorgelegt: Konflikt in Korinth, Kaiser-Traktate 31, München 1978. Hollenwegers Schilderung (35) erwähnt sogar den »Idiotensessel«, wo die Uneingeweihten Platz zu nehmen hatten.

3 H. Conzelmann, 275.

4 H. Conzelmann, 282.

5 H. Conzelmann, 281f.

6 H. Conzelmann, 286.

7 M. Schian, Praktische Theologie, Gießen $^{2}$1928, 225.

8 Vgl. R. Bohren, Predigt und Gemeinde, Zürich/Stuttgart 1963, 62.

9 G. Müller/V. Pfnür, Rechtfertigung – Glaube – Werke, in: Confessio Augustana, Bekenntnis des einen Glaubens, Gemeinsame Untersuchung lutherischer und katholischer Theologen, hg. von H. Meyer und H. Schütte, Paderborn/Frankfurt a.M. 1980, 121.

10 »Der Glaube wird aufregend, sobald ihn die Predigt nicht mehr voraussetzt« (W. Jetter, Elementare Predigt, ZThK 59, 1962, 384).
H. van der Geest sagt im Blick auf eine Osterpredigt, die unter seiner Leitung analysiert wurde: »Die Predigt richtet sich an den Ungläubigen im Zuhörer. Er braucht nicht seinen Glauben vorauszusetzen« (Du hast mich angesprochen. Die Wirkung von Gottesdienst und Predigt, Zürich 1978, 148).

## III Biblische Predigt als konfirmandengemäße Predigt

1 K. Engelhardt, Bibel und Erfahrung, in: Verkündigung im Gespräch mit der Gesellschaft. Festschrift zum 65. Geburtstag von Landesbischof H.-W. Heidland, Karlsruhe 1977, 80f.

2 D. Hoch, Offenbarungstheologie und Tiefenpsychologie in der neueren Seelsorge, ThExh 195, München 1977, 40f.

3 Vgl. K. Engelhardt, aaO., 80.
4 M. Josuttis, Predigten zur Geschichte Davids. Alttestamentliche Predigten 9. Folge, hg. von H.-J. Kraus und H. W. Wolff, Neukirchen-Vluyn, 1968.
5 Predigtlehre, aaO., 137.
6 E. Leytz, Die Gattung des Textes als Anregung für die Gestalt der Predigt. Arbeit im Schwerpunktfach Homiletik, 1983.
7 I. Baldermann, Biblische Didaktik. Die sprachliche Form als Leitfaden unterrichtlicher Texterschließung am Beispiel synoptischer Erzählungen, Hamburg [3]1966.
8 I. Baldermann, Die Bibel – Buch der Lernens, Göttingen 1980, 109.
9 J. Rothermundt, Der Heilige Geist und die Rhetorik. Theologische Grundlinien einer empirischen Homiletik, Gütersloh 1984, 88.

## IV »Beschränkungen für das Predigtverständnis des Jugendlichen«

1 AaO., 128ff.
2 H. Albrecht, Predigen, Stuttgart, Berlin, Köln, Mainz 1985, 51. – Ein faszinierendes Buch!
3 H. Hirschler, Konkret Predigen. Anleitungen und Beispiele für die Praxis, Gütersloh 1977, gibt außer theoretischen Überlegungen, insbesondere zum Erzählen in der Predigt, eine Fülle praktischer Beispiele. – F. Mildenberger, Kleine Predigtlehre, Stuttgart, Berlin, Köln, Mainz 1984, beschreibt zunächst eine üble Verfallsform erzählender Predigt: »Mancher putzt seine Predigt mit Geschichtchen auf, und nachher fragt man sich: Was sollte das?« (145). Dennoch setzt er sich für erzählende Predigt ein: »Das ist ja der Vorsprung der Erzählung vor der gedanklichen Darlegung, daß sie gerade auch den Affekt mit beteiligt« (146).
Die Warnung von H. van der Geest wird freilich zu beachten sein: »Eine erzählende Predigt, die nur lebensnah ist, befriedigt nicht. Nach einer solchen Predigt klagen die Zuhörer, daß ihnen nicht klargeworden ist, inwieweit diese Geschichte mit Glauben zu tun hat ... Die Gefahr der erzählenden Predigt ist gerade, daß zu viel Wesentliches unausgesprochen bleibt.« (Du hast mich angesprochen. Die Wirkung von Gottesdienst und Predigt, Zürich 1978, 163.)
4 R. Bohren, Predigtlehre, 177.
5 R. Bohren erwähnt S. 179 Albert Schweitzer, Dietrich Bonhoeffer und Martin Luther King als Gestalten, die in der protestantischen Predigt neben den Reformatoren legendär geworden sind. Das »Bedürfnis, Modelle für die Nachfolge in der Gegenwart zu zeigen«, hat in den letzten Jahren dazu geführt, daß außerdem Franz von Assisi und Mutter Teresa als »Beispiele verwendet« werden.
6 E. Lerle, Die Einleitung der Predigt. Eine homiletische Untersuchung, Stuttgart 1972, 20–27.
7 A. Stein, Predigtwirkung und Predigtaufbau, DtPfBl 74, 1974, 732ff.
8 K. Barth, Homiletik, Zürich 1966, 101.
9 R. Bohren, Predigtlehre, 183.
10 H. Gollwitzer, Wendung zum Leben, München 1980.
11 Ob der erwachsene Hörer die »Wortspiele, paradoxen Aussagen, Bonmots, originellen Formulierungen« und »pointierten Sätze« wirklich eher als die Basler Konfirmanden »goutieren« kann, wie W. Neidhart vermutet? Vermutlich ja!

»Neben ... Beispielen treten einzelne Redewendungen, prägnante Formulierungen oder auch auffallende Ausdrücke in den spontanen Wiedergaben von Predigtinhalten hervor« (E. Lerle, Grundriß der empirischen Homiletik, Berlin 1978, 28).

12 »Kein junger Mensch nimmt uns so ohne weiteres das kananäisch-biblische Vokabular ab.« W. Jentsch, Handbuch der Jugendseelsorge, Teil II. Theologie der Jugendseelsorge, Gütersloh 1963, 232.

13 Wenn aus dem Gesangbuch nur zitiert wird in der Meinung, es werde dadurch bei den Hörern an Bekanntes angeknüpft, hat Neidhart mit seiner Warnung recht. Es gibt aber auch andere Weisen des Zitierens. Vgl. hierzu meinen Aufsatz »Jesu Schäflein müssen Wolle lassen. Bemerkenswerte Formen des Kirchenliedzitats in der Predigt«, DtPfBl 76, 1976, 439–443. Wenn das Zitat dazu dient, in der Predigt einen Dialog zwischen Glaubenserfahrung, die sich in einem Lied ausspricht, und Lebenserfahrung, die als Kontrast dazu in einer kleinen Erzählung dargestellt wird, zu führen, oder wenn das Zitat mit einer Szene aus dem Leben des Liederdichters verbunden ist, kann auch beim Liedzitat die »Vorliebe des Jugendlichen für Konkretes und Erzählendes« berücksichtigt werden.

14 M. Schwekendiek, Zur Rezeption der Predigt bei Konfirmanden, Werkstatt Predigt. Eine homiletische Korrespondenz Nr. 16, Nov. 1975, 2–16.

15 Ebd., 6.

16 Ebd., 9f.

17 Ebd., 7.

18 Ebd., 10.

19 Die Neigung zum »Ethisieren« ist nicht auf jugendliche Predigthörer beschränkt. K.-F. Daiber, Leiden als Thema der Predigt, ThExh 198, München 1978, 35, hat beobachtet, »daß die Hörer stärker, als es der Absicht des Predigers entspricht, die Predigt als Aufforderung hören«.

## V Die Konfirmanden inmitten der Erwachsenengemeinde

1 Vgl. P. Wehrle, Orientierung am Hörer, Zürich, Einsiedeln, Köln 1975, der die Homiletik der josephinischen Aufklärung untersuchte und dabei auf die »theologisch verantwortete Orientierung am Hörer als Ausdruck homiletischer Zielreflexion« (272) stieß.

2 K.-F. Daiber, Leiden als Thema der Predigt, ThExh 198, München 1978, 33.

3 »Nur 13% hatten lediglich die Volksschule besucht ...« (K.-F. Daiber, 20).

4 »Im Bereich der spontanen Erinnerung dominieren die Erzählungen, die gebrauchten Bilder sowie die Metaphern« (K.-F. Daiber, 33).

5 AaO., 129f.

6 K.-F. Daiber, 34. Ähnlich schon E. Lerle, Grundriß der empirischen Homiletik, Berlin 1974, 27.

7 E. Lerle, Grundriß, 35.

8 G. Schmidtchen, Gottesdienst in einer rationalen Welt, Stuttgart 1973, 96f.

9 Ich verdanke diesen Hinweis einer Examensarbeit »Konfirmandengemäßheit der Predigt« von Herrn Th. Leonhard.

10 Referiert nach St. Hansen und H.-J. Veen, Auf der Suche nach dem privaten Glück, Die Zeit Nr. 37, 5. Sept. 1980, 16.

11 A. Niebergall, Die Geschichte der christlichen Predigt, in: Leiturgia, hg. von K. F. Müller und W. Blankenburg, Bd II., Kassel 1955, 267.

12 Gebet von Th. Brüggemann, zitiert nach M. Seitz/F. Thiele, Wir beten, Bad Salzuflen [5]1971, 224.

13 D. Bonhoeffer, Gesammelte Schriften Bd. III, hg. von E. Bethge, München 1960, 292f.

## VI Orientierung am Konfirmanden in der Predigtarbeit

1 H. Siegel (Handbuch für die Konfirmandenarbeit, aaO., 153) bringt eine in ihrer Klarheit vorzügliche Darstellung einiger »Grundtypen von Gottesdienst«. Der »Gottesdienst unter besonderer Berücksichtigung der Konfirmanden« entspricht als Typ dem, was hier in Kapitel VI und später in den Kapiteln VIII, IX und X dargelegt wird. Der zweite von H. Siegel genannte Grundtyp »Gottesdienst für Konfirmanden« entspricht dem, was hier im vierten und fünften Abschnitt von Kapitel VII ausgeführt wird. Elemente des dritten bei Siegel genannten Grundtyps »Gottesdienst mit Konfirmanden« finden sich in den ersten drei Abschnitten von Kapitel VII und im letzten Abschnitt. Der vierte bei Siegel genannte Grundtyp »Gottesdienst von Konfirmanden« wird hier bewußt ausgespart; unser Programm lautet: Für Konfirmanden predigen.

2 Vgl. hierzu die in Kapitel I zitierten Äußerungen eines Beobachters.

3 W. Uhsadel, Die gottesdienstliche Predigt, Heidelberg 1963, 81ff. M. Seitz (Erneuerung der Gemeinde. Gemeindeaufbau und Spiritualität, Göttingen 1985, 161) sieht die Dinge ganz ähnlich: »Es wird heute von allen, die im Dienste der Seelsorge stehen, eine umfassende Kenntnis des gegenwärtigen Menschen, seiner Lebensverhältnisse, seiner Denkgewohnheiten und seines sozialen Verhaltens gefordert ... Aber diese Hilfen und Ergänzungen sowie alles, was ich erlebe, erfahre und weiß, müssen letzten Endes dazu führen, daß ich immer aufnahmefähiger für Jesus Christus werde und ein Träger seines Wortes. Das geschieht dadurch, daß ich mein ganzes Leben, bis in die einzelnen Vorgänge hinein, unablässig mit der Schrift konfrontiere und dem Willen Gottes unterstelle.«

4 Vgl. O. Weber, Wort und Antwort. Predigten und Erwägungen zur Predigt, Neukirchen-Vluyn 1966, 44.

5 O. Weber (aaO., 44) empfiehlt dem Prediger »sorgfältig und selbstkritisch vorgenommene Aufnahme der schlichten Erfahrung mit anderen Menschen«. H. Thielicke (Leiden an der Kirche, Hamburg 1965, 96) hat die »falsche Adressierung an ›den‹ Menschen« beklagt. Ähnlich urteilt R. Bohren (Predigtlehre, München 1971, 466): »Viele Predigten mißraten, weil sie mit einem Allerweltshörer rechnen ...« Wie soll der Prediger in einer Großstadt Hörer finden, die er »als repräsentativ für die Hörerschaft aufnimmt«? Bohren erwähnt einen Prediger in einer Großstadt, der berichtet: »er sehe beim Predigt-Machen jeweils vier Glieder seiner Gemeinde vor sich, einen Straßenbahner, einen Maschineningenieur, eine Raumpflegerin und einen Bierleitungsreiniger. Dieser Prediger imaginiert sich also repräsentative Vertreter der Hörerschaft. Indem er zu vieren spricht, hören zweitausend zu« (466). Warum unter den vier Repräsentanten wohl kein Jugendlicher ist? W. Trillhaas (Evangelische Predigtlehre, 5., neubearbeitete Auflage, München 1964) treibt die

seelsorgerliche Orientierung der Predigt an einzelnen Menschen, die der Prediger näher kennt, auf die Spitze: »Es wird sich zeigen, daß das, was zu einzelnen gesagt ist – unter Umständen so wörtlich zu verstehen, daß der Prediger tatsächlich ein bestimmtes Gemeindeglied im Auge gehabt hat! –, plötzlich sich auch für viele in scheinbar ganz anderer Situation befindliche ›einzelne‹ als wahr erweist« (159). In seiner »Einführung in die Predigtlehre«, Darmstadt 1974, hält W. Trillhaas seine alte Position voll aufrecht. »Auch die kleinste Gemeinde, in der ›jeder jeden kennt‹, umschließt viele einzelne, von deren Freudlosigkeit oder Freude, Sorge, Angst, Verdrossenheit oder Hoffnung der andere nichts weiß. Erst wenn der Prediger dieses einzelnen ansichtig geworden ist, wird ihm die Hörerfrage in ihrer ganzen Tiefe bewußt. Die Zwiesprache des Predigers mit einem solchen einzelnen vor der Predigt kann wichtiger sein als eine Predigtvorbereitung in einem Diskussionskreis« (14). »Für diese seelsorgerische Predigt gilt aber ein seltsames Gesetz: Wer zu einem spricht, spricht damit immer zu vielen; wer freilich immer nur zu vielen spricht, spricht oft nicht einmal zu einem einzelnen. Darum ist es so wichtig, den einzelnen zu finden« (14f).
Auf einer katholischen Tagung »Hörer und Predigt« konnte 1960 von G. Schreeb in einem Beitrag »Die Predigt im Urteil des jungen Mannes (18–25) von heute« gesagt werden: »Der Prediger weiß ja aus dem Beichtstuhl, was den Jugendlichen besonders berührt. Es wäre gut, wenn diese Probleme von der zentralen Glaubensverkündigung her behandelt würden« (Hörer und Predigt. Ein Tagungsbericht, hg. von O. Wehner und M. Frickel, Arbeitsgemeinschaft katholischer Homiletiker Deutschlands, Arbeiten und Berichte Heft 2, Würzburg 1960, 153f).

6 K. G. Steck (Zweimal Dahlemer Predigten, Pastoraltheologie, Monatsschrift für Wissenschaft und Praxis in Kirche und Gesellschaft 71, 1982, 535ff) hat Predigten von Johannes Eger, der einer der Vorgänger M. Niemöllers in der Dahlemer Gemeinde war, untersucht: »Wie Eger im Vorwort mitteilt, sind die Predigten in lebendiger Fühlung mit der Gemeinde entstanden, geradezu durch sie geschenkt. Insbesondere sind Egers Konfirmanden an ihrer Entstehung beteiligt« (536).

7 K. Barth, Die Gemeindemäßigkeit der Predigt, zitiert nach G. Hummel (Hg.), Aufgabe der Predigt, Darmstadt 1971, 176: »Die Voraussetzung der Predigt muß ganz schlicht die Liebe des Predigers zu der Gemeinde sein. Liebe, das heißt ganz schlicht: Nicht ohne diesen anderen, den man liebt, sein wollen, nicht allein sein wollen, sondern mit ihm sein wollen, wie er nun einmal ist, in seiner Totalität, in seiner Wirklichkeit.«
Als »Einstehen, Beistehen und Vorstehen« hat W. Jentsch, Handbuch der Jugendseelsorge, Teil II. Theologie der Jugendseelsorge, Gütersloh 1963, 244ff, das seelsorgerliche Verstehen junger Menschen beschrieben. W. Jentschs mehrbändiges Handbuch der Jugendseelsorge ist das bei weitem hilfreichste, was es auf diesem Gebiet gibt. Ich zitiere einige Sätze, die das Annehmen junger Menschen theologisch begründen: »Beistehen heißt so, die Situation des anderen mitdurchleiden, mitertragen, die Existenz des anderen, so schuldhaft sie auch sei, mitübernehmen. Dergestalt ereignet sich das beistehende Verstehen des Seelsorgers als Ausstehen des vielleicht unsympathischen Partners und als Durchstehen seiner meist prekären Situation« (245).

8 Vgl. H. Barié, Kann der Zeuge hinter das Zeugnis zurücktreten? Ev.Theol. 32, 1972, 19–38, insbesondere 35. E. Lerle (Grundriß der empirischen Homiletik, Berlin 1974,

79 f) hat meinen experimentellen Ansatz einer scharfen Kritik unterzogen und meint, »Fehler grundlegender Art« in meinem Erkenntnisweg entdeckt zu haben. Daß es ethisch nicht unbedenklich ist, wenn bei einigen Experimenten die Versuchspersonen durch falsche Angaben über den Autor der zu beurteilenden Leseandacht für die Dauer des Experiments hinters Licht geführt wurden, weiß ich wohl. Ich meine, die Bedenken aus folgenden Gründen weiterhin zurückstellen zu dürfen:
a) Das Verfahren, die Bedeutung des Bildes, das die Rezipienten vom Kommunikator haben, in seiner Bedeutung für die Annahme oder Ablehnung einer Information dadurch zu ermitteln, daß einzelne Gruppen von Versuchspersonen für die Dauer des Experiments mit verschiedenen und voneinander abweichenden Angaben über den Autor der Information versehen werden, ist nicht von mir erfunden, sondern in der Kommunikationsforschung gebräuchlich.
b) Die Experimente, bei denen den Versuchspersonen falsche Autorennamen genannt worden waren, erregen üblicherweise das Interesse der Leser am stärksten. Bereits beim »Marti-Experiment«, dem im erwähnten Aufsatz der relativ meiste Platz (29–34) eingeräumt worden ist, wurde aber keine Versuchsperson »belogen«; *alle* Zusatzinformationen zur Predigt waren korrekt.
c) Ob es nicht doch vertretbar ist, den Selbstbetrug, wir könnten Predigten objektiv beurteilen, aufzudecken, indem Versuchspersonen für die kurze Dauer eines Experiments mit falschen Informationen versorgt werden, wenn doch am Ende des Experiments der wahre Sachverhalt mitgeteilt wird?
d) Wenn E. Lerle meint, daß »bei einigen Heidelberger Kandidaten während der Experimente die Fähigkeit unvoreingenommenen Urteilens noch nicht sehr hoch entwickelt war«, hat er sicher recht, übersieht aber, daß es im Blick auf Predigten ein »unvoreingenommenes Urteil« oder ein Urteil, das sich, unter völligem Absehen von der Person des Redenden, nur auf das, was gesagt wird, bezieht, auch bei Personen, deren homiletische Urteilsfähigkeit hoch entwickelt ist, nicht gibt.
Gern stimme ich E. Lerle, dem Begründer der empirischen Homiletik, zu, wenn er sagt, es sei »keinesfalls mehr zu verantworten, wenn in der praktischen Theologie ... immer noch vorempirisch gearbeitet wird« (81). Daß empirische Homiletik nicht nur des experimentellen Ansatzes, sondern auch anderer Ansätze bedarf, liegt auf der Hand. Lerle selbst hat es mit »Resonanzforschung« versucht. Ich vermag aber in seinem »Grundriß der empirischen Homiletik« über das hinaus, was er bereits in seinen früheren Schriften »Arbeiten mit Gedankenimpulsen«, Berlin 1965, und »Die Einleitung der Predigt«, Stuttgart 1972, vorgelegt hat, keine neuen *empirisch gewonnenen* Erkenntnisse zu entdecken. Zu einem Teil seiner Behauptungen ist auch er auf vorempirischem Wege gelangt, etwa wenn er (48) sagt: »... Kurzberichte im Sinne persönlicher Zeugnisse ... können nicht im Rahmen des sonntäglichen Gottesdienstes als Teil der Predigt oder im Anschluß daran untergebracht werden.«
H. Albrecht (Antworten und nichts sagen können. Literaturbericht über empirische Untersuchungen zum Predigthören, in: Theologia Practica 17, 1982, 137–145) berichtet: »Auf besonders heftige Kritik ist Helmut Barié mit seinen Experimenten gestoßen, welche die Bedeutung des Prestiges von Predigern für die Einschätzung ihrer Ansprachen nachweisen sollten.«
Soviel ich sehen kann, bezieht sich dieser Satz nur auf die oben erwähnte Kritik von Lerle. Auch Albrechts Interesse richtet sich vornehmlich auf das Experiment mit

den falschen Autoren-Namen. Daß ich in meinem Aufsatz dem »Marti-Experiment« den relativ meisten Platz eingeräumt habe, bei diesem aber alle Zusatz-Informationen zur Predigt korrekt waren, hat Albrecht ebensowenig wie Lerle berücksichtigt.
Andere Autoren haben keinen Anlaß zu »heftiger Kritik« gesehen.
W. Bartholomäus (Kleine Predigtlehre, Zürich, Einsiedeln, Köln 1974, 52f) hat meine Ergebnisse, auf das Wesentliche konzentriert, referiert. – H. van der Geest (Du hast mich angesprochen. Die Wirkung von Gottesdienst und Predigt, Zürich 1978, 77f) erwähnt die Ergebnisse meiner Experimente zum »Prestige-Effekt«, gelangt aber nicht zu Verdikten wie E. Lerle. Die Untersuchungsmethoden E. Lerles findet van der Geest hingegen fraglich (19).

9 Aus: G. Hennig, Ich bin nicht fromm wie Noah. Andachten und Gebete für jede Woche, Stuttgart, 5., überarbeitete Auflage 1981, 71f.

10 W. Lück (Konfirmandenunterricht im Pfarreralltag. Ein Erfahrungsaustausch im Pfarrkonvent. Pastoraltheologie, Monatsschrift für Wissenschaft und Praxis in Kirche und Gesellschaft 74, 1985, 247) bemerkt: »Der Unterricht hat in vielem eine stark seelsorgerliche Ausrichtung. Hier liegt womöglich auch seine Stärke in der Gegenwart. Die jungen Leute werden vom Pfarrer als Person ernstgenommen. Man stülpt ihnen nicht einfach ein Wissen über. Faktisch leisten die Pfarrer damit den jungen Leuten sicher einen wertvollen Dienst. Hier begegnen die Jugendlichen einmal einer humanen Großinstitution, die sie nicht vorwiegend unter Druck setzt und Leistung von ihnen abfordert, sondern bereit ist, auf sie einzugehen.«
H. W. Dannowski (Kompendium der Predigtlehre, Gütersloh 1985), referiert eine empirische Untersuchung über das Hörerverhalten aus der Hannoverschen Landeskirche. Eine dabei gewonnene Erkenntnis: »Insbesondere sind für den Konfirmanden die persönlichen Qualitäten des Predigers von entscheidender Bedeutung ...« (105).

11 Die »Annahme« hat noch eine andere Seite. Nicht nur der Pfarrer soll die einzelnen Konfirmanden annehmen, sondern auch die Konfirmandengruppe ihre Mitglieder. Vgl. K. Meyer zu Uptrup, aaO., 26.

12 Vgl. W. Uhsadel, aaO., 83.

13 Vgl. hierzu meinen Aufsatz: Sklave der Betriebsamkeit, Ev. Kommentare 10, 1977, 620f.

14 R. Bohren, Die Gestalt der Predigt, in: Predigt und Gemeinde, Zürich/Stuttgart 1963, 61.

15 Wenn R. Bohren (Predigtlehre, aaO., 194) zum Thema »Predigt und Zitat« sagt: »Auch Gemeindeglieder dürfen zu Worte kommen, wobei seelsorgerlicher Takt strengste Auswahl besorgen muß; denn sonst wird mit solchem Zitieren mehr Schaden als Nutzen bewirkt«, gilt dies uneingeschränkt auch für Zitate, die von Konfirmanden stammen.

16 R. Schulz, Predigten für Zweifler, München 1978.

17 Ebd., 55ff.

18 Ebd., 64.

19 Ebd., 109.

20 R. Bohren Predigtlehre, aaO., 194.

21 H. Siegel, in: Handbuch für die Konfirmandenarbeit, aaO., 154.

22 H. Frisch, Tagebuch einer Pastorin, Frankfurt/Main 1980, 82f.

23 Siehe den gleichnamigen Aufsatz in: DtPfBl 71, 1971, 644–646.

24 K.-F. Daiber u.a., Predigen und Hören. Ergebnisse einer Gottesdienstbefragung Bd. 1, München 1980, 47–51.

25 Diesen Hinweis verdanke ich einer Examensarbeit »Konfirmanden als Predigthörer« von Herrn M. Billau.

26 Als auf den Fragebögen für die Predigthörer die Angabe der jeweiligen Gruppe – der Jahrgang wurde in drei Gruppen unterrichtet – erbeten wurde, erlebte ich zu meinem zunächst nicht geringen Erstaunen, daß jeweils von den Konfirmanden, die zu der Gruppe gehörten, in der das Unterrichtsklima am schlechtesten war, auch die Predigten am schlechtesten beurteilt wurden. Im nachhinein sehe ich hier den Faktor wirksam, der oben dargestellt wurde. Weil sich die Konfirmanden im Unterricht des Predigers nicht so wohl fühlten wie die Altersgenossen der beiden anderen Gruppen, nahmen sie auch die Predigten weniger wohlwollend auf.

27 AaO., 128ff.

## VII Die Konfirmanden beteiligen

1 Einen höchst instruktiven Erfahrungsbericht über Predigtvorbesprechungen mit Erwachsenen hat J. Rothermundt (Laien als Partner in der Predigtarbeit, WuPKG 67, 1978, 187–201) vorgelegt. Die von J. Rothermundt erprobte Methode der Gesprächsführung (191ff) läßt sich modifiziert auch bei Konfirmanden praktizieren. J. Rothermundt hat die Gedanken des erwähnten Aufsatzes über »Laien als Partner in der Erschließung des Textes« konzentriert wiedergegeben in: »Der Heilige Geist und die Rhetorik. Theologische Grundlinien einer empirischen Homiletik«, Gütersloh 1984, 101–103.

2 Die Gruppenarbeit hat Herr Theodor Leonhard in Konstanz durchgeführt.

3 Das Protokoll dieses Gesprächs verdanke ich Frau Bergild Gensch.

4 W. Erl/F. Gaiser, Neue Methoden der Bibelarbeit, Tübingen $^{3}$1969.

5 Vgl. W. Erl, aaO., 104ff.

6 Vgl. W. Erl, aaO., 64ff.

7 Vgl. W. Erl, aaO., 121ff.

8 H. Gollwitzer, Wendung zum Leben, München 1980, 160ff.

9 W. Jentsch, Handbuch der Jugendseelsorge, Teil II. Theologie der Jugendseelsorge, Gütersloh 1963, 229 sagt: »Es kann dem Seelsorger nicht genügen, daß der junge Mensch bei der Begegnung mit einem bestimmten biblischen Text irgendein Verstehen erlangt oder gar das Verstehen des Seelsorgers nachahme, sondern nur, daß er zu seinem eigenen, des jungen Menschen selbständigem Verstehen kommt.« W. Jentsch warnt: »Man täusche sich auch darüber nicht, welche Not es macht, die hebräischen oder griechischen Denkformen des Paulinischen und Johanneischen in das durchschnittliche Sprachempfinden eines Teenagers zu übersetzen ...« (230).

10 W. Matuschek, Arbeit im Schwerpunktfach Homiletik, 1984.

11 Vgl. J. Rothermundt, Laien als Partner in der Predigtarbeit, aaO., 197.

12 Das Verfahren entwickelte Hans Martin Steffe.

13 Einzelne Bibelstellen wurden hier nach »Die gute Nachricht« zitiert.

14 E. Cardenal, Das Buch von der Liebe. Lateinamerikanische Psalmen, Hamburg 1973, Siebenstern Tb 168, 138.

15 Ebd., 86.

16 Vgl. hierzu H. Barié, Praktische Erfahrungen mit Rudolf Bohrens Predigtlehre, Ev. Theol. 37, 1977, 343–357, speziell 349ff. H. W. Dannowski (Kompendium der Predigtlehre, Gütersloh 1985) erwähnt im Abschnitt »Predigtvorgespräch und Predigtnachgespräch« (151ff) die von mir entwickelte Form der Verkündigung im Team mit Laien, die auf Konfirmandenfragen eingehen (153).

17 R. Bohren, Die Leitung der Gemeinde, in: Predigt und Gemeinde, aaO., 220.

18 W. Reinmuth (in: Handbuch für die Konfirmandenarbeit, aaO., 54ff) hat über »Gemeindemitglieder als Mitarbeiter im Konfirmandenunterricht« das Nötige geschrieben. Besonders beeindruckt haben mich Reinmuths Gesichtspunkte, »die ein Engagement für ein Mitarbeiter-Team rechtfertigen«: »Laien als Mitarbeiter ... sind so etwas wie ›ein sehr lebendiger Katechismus‹ für die Fragen der Kinder nach dem Sinn des Lebens ... Laien lassen sich leichter als Pfarrer ›nach ihrem Leben, ihrem Engagement in der Gemeinde und nach ihren Erfahrungen mit Gott befragen‹« (64). Während Reinmuth die Gemeindemitglieder als Mitarbeiter im Konfirmandenunterricht im Blick hat, denke ich vorrangig an Gemeindemitglieder als Mitarbeiter im Gottesdienst, wenn es darum geht, für Konfirmanden zu predigen.

19 Chr. Möller, Zur Entdeckung der Ortsgemeinde als charismatischer Gemeinde, WuPKG 64, 1975, 5f.

20 R. Bohren, Predigtlehre, aaO., 522.

21 Vgl. H. Barié, Praktische Erfahrungen mit Rudolf Bohrens Predigtlehre, aaO., 344ff.

22 Daß man über die hier dargestellten einfachen Formen der Mitbeteiligung von Konfirmanden an der Predigt hinausgehen kann und daß es sogar möglich ist, daß Konfirmanden selber eine Predigt machen, hat P. Engel, Bibel auslegen – Predigt machen. Konfirmanden gehen den Weg von einem biblischen Text bis zur Predigt, KU-Praxis 18, Gütersloh 1983, 30–42, gezeigt.

23 Tagebuch einer Pastorin, Frankfurt/Main 1980, 84.

## VIII Ist meine Predigt zugänglich für Konfirmanden? – Gesichtspunkte zur Überprüfung der Predigt

1 Ob es als Anfang einer Predigt zum Gleichnis von den zehn Jungfrauen überhaupt geeignet ist, will ich hier nicht diskutieren.

## IX Unterbrechungen des Monologs als Hilfen für Konfirmanden mit Konzentrationsschwierigkeiten

1 Wertvolle Hinweise auf Möglichkeiten, den Predigtmonolog aufzulockern, verdanke ich H.-D. Mattmüller, Verkündigung im Rundfunk. Untersuchungen zur Sendung »Die Morgenfeier«, Stuttgart 1976, insbesondere 76ff: »Die Sprechfolge«, 204ff: »Die Textwiedergabe«, 216ff: »Die musikalische Unterbrechung«.

2 Ebd., 76.

3 Vgl. ebd., 77.

4 H. W. Wolff, Wie eine Fackel. Predigten aus drei Jahrzehnten, Neukirchen-Vluyn 1980, 61–69.
5 Ich denke an *längere* Zitate.
6 AaO., 216.
7 AaO., 217.
8 AaO., 219.
9 AaO., 225.
10 AaO., 224.

## X Die Augen beschäftigen

1 Diaserie zur Schweizer Schulbibel (Benziger Verlag, Theologischer Verlag), Zürich.
2 H. Siegel, (Handbuch für die Konfirmandenarbeit, aaO., 154) erwähnt als einen kleinen Schritt, der ohne große Mühe vollzogen werden kann: »Teilweise Übertragung des didaktischen Prinzips der Anschaulichkeit aus dem Konfirmandenunterricht in den Gottesdienst. Das betrifft nicht nur die Anschaulichkeit von Redestücken, sondern auch den einfachen Einsatz von Medien (Dia-Reihen zur Evangeliumslesung . . .).«
3 Für den an Münzen Interessierten tut sich eine Fundgrube auf in dem Buch von H. Schröder, Jesus und das Geld. Wirtschaftskommentar zum Neuen Testament, Karlsruhe 1979.
4 Eine große Hilfe für den Prediger bietet M. Zohary, Pflanzen der Bibel. Vollständiges Handbuch, Stuttgart [2]1986.
5 Siehe Kapitel IV.
6 Vgl. H. Barié, Offenbar geht es nicht ohne »Heilige«. Beispielhafte Menschen in Predigten des theologischen Nachwuchses, Pastoraltheologie 76, 1987, 105–125.

## XI Der Prediger als »confirmandus« in Glaube, Hoffnung und Liebe

1 H. Gollwitzer, Wendung zum Leben, München 1980, 10.
2 G. Dehn, Die alte Zeit, die vorigen Jahre. Lebenserinnerungen, München [2]1964, 42.
3 Ebd., 41.
4 K. Barth, Die Gemeindemäßigkeit der Predigt, aaO., 176.
5 J. Rothermundt, Der Heilige Geist und die Rhetorik. Theologische Grundlinien einer empirischen Homiletik, Gütersloh 1984, 123.
6 W. Jetter, Homiletische Akupunktur, Göttingen 1976, 87.

# Bibelstellenverzeichnis

# Auswahl von Predigtperikopen mit methodischen Hinweisen: Wie können sie für Konfirmanden leichter zugänglich gemacht werden?

**Genesis**

| | |
|---|---|
| 4,1–16a | Rollenlesung: Erzähler, Stimme des Herrn, Kain. Abschnittslesung V 1–4, V 5–7, V 8, V 9–12, V 13–16. |

**Exodus**

| | |
|---|---|
| 12,1.3–4.6–7.11–14 | Dias zur Predigt: Jüdische Passafeier. |
| 16,2–3.11–18 | Dias zum Text: Wüste, Manna-Tamariske, Wachteln. |

**2 Samuel**

| | |
|---|---|
| 12,1–10. 13–15a | Rollenlesung: Erzähler, Nathan, David. |

**1 Könige**

| | |
|---|---|
| 19,1–8 (9–13a) | Dias zum Text: Wüste, Wacholderstrauch, Berg Horeb. Abschnittslesung: V 1–2, V 3–4, V 5–6, V 7–8. |

**Jesaja**

| | |
|---|---|
| 29,17–24 | Konfirmandenbeiträge (im Blick auf V 21): »Wie wird in unserer Zeit durch Lügen Unrecht getan?« |
| 50,4–9 | Abschnittslesung, kombiniert mit Gemeindegesang als Teil der Predigt:<br>V 4–5, erster Predigtteil, Lied »Er weckt mich alle Morgen« erste und zweite Strophe;<br>V 6–7, zweiter Predigtteil, dritte Liedstrophe;<br>V 8–9, dritter Predigtteil, vierte und fünfte Liedstrophe. |
| 58,7–12 | Dias zur Predigt: Morgenrot (V 8a), Quelle, Bewässerter Garten (V 11b).<br>Konfirmandenbeiträge: »Was heißt es für uns praktisch: ›Brich dem Hungrigen dein Brot, und die im Elend ohne Obdach sind, führe ins Haus!‹?« |

**Jeremia**

| | |
|---|---|
| 1,4–10 | Konfirmandenbeiträge: »Was ein Prophet heute den Menschen sagen sollte.« |
| 9,22–23 | Konfirmandenbeiträge: »Wie unter uns angegeben wird mit Stärke, Reichtum und Wissen.« |

**Micha**

| | |
|---|---|
| 6,6–8 | Konfirmandenbeiträge: »Was ist gut? – Wonach ich mich in meinem Leben richten will.« |

**Matthäus**

| | |
|---|---|
| 2,1–12 | Rollenlesung: Erzähler, (drei) Weise, einige Schriftgelehrte, Herodes |
| 5,2–10(11–12) | Konfirmandenbeiträge: »Die da Leid tragen – an wen denken wir?« |
| 6,(5–6)7–13(14–15) | Konfirmandenbeiträge: Luthers Erklärung des Vaterunsers in unsere Zeit übertragen. |
| 6,25–34 | Dias zur Predigt: Vögel (V 26), Lilien (V 28). |
| 8,5–13 | Rollenlesung: Erzähler, Hauptmann, Jesus. |
| 14,22–33 | Rollenlesung: Erzähler, einige Jünger, Jesus, Petrus. |
| 16,13–19 | Rollenlesung: Erzähler, Jesus, Jünger, Simon Petrus. Konfirmandenbeiträge: »Jesus – was halten wir von ihm? Für wen halten wir ihn?« |
| 22,15–22 | Dias zum Text: Römische Münzen, wie sie als Zahlungsmittel zur Zeit Jesu gebräuchlich waren. |
| 26,57–75 | Rollenlesung: Erzähler, Hoherpriester, Jesus, Mitglieder des Hohen Rats, Magd, Petrus, andere Magd, andere Dabeistehende. |

**Markus**

| | |
|---|---|
| 1,40–45 | Rollenlesung: Erzähler, Aussätziger, Jesus. |
| 9,17–27 | Rollenlesung: Erzähler, Jesus, Vater des besessenen Knaben, die Jünger. |
| 10,17–27 | Rollenlesung: Erzähler, reicher (junger) Mann, Jesus, die Jünger. |
| 12,28–34 | Konfirmandenbeiträge: »Was ist das Wichtigste von allem, was wir im Leben zu beachten haben?« |

**Lukas**

| | |
|---|---|
| 5,1–11 | Rollenlesung: Erzähler, Jesus, Simon. |
| 7,36–50 | Abschnittslesung: V 36–38, V 39, V 40–43, V 44–48, V 49–50. |
| 8,4–8(9–15) | Dias zum Text: Säen, Weg durch Felder, Vögel auf dem Feld, felsiger Acker, Dornen, Getreideacker kurz vor der Ernte. |
| 23,33–49 | Abschnittslesung, kombiniert mit Gemeindegesang als Teil der Predigt:<br>V 33–34, erster Predigtteil, EKG 65,1;<br>V 35–38, zweiter Predigtteil, EKG 65,2–3;<br>V 39–43, dritter Predigtteil, EKG 65,4–5;<br>V 44–46, vierter Predigtteil, EKG 65,6–7;<br>V 47–49, fünfter Predigtteil, EKG 65,8. |

| | |
|---|---|
| 24,13–35 | Rollenlesung: Erzähler, Jesus, Kleopas, zwei (Emmaus-) Jünger gemeinsam, Chor der »Elf«. |

**Johannes**

| | |
|---|---|
| 1,43–51 | Rollenlesung: Erzähler, Jesus, Philippus, Nathanael. |
| 2,1–11 | Rollenlesung: Erzähler, Mutter Jesu, Jesus, Speisemeister. |
| 4,5–14 | Rollenlesung: Erzähler, Frau aus Samaria, Jesus. |
| 5,1–16 | Rollenlesung, verteilt auf drei Plätze in der Kirche: Teich Betesda (V 1–9), auf dem Weg (V 10–13), im Tempel (V 14–16).<br>Rollen: Erzähler, Jesus, Kranker (später geheilt), einige Juden. |
| 10,1–11 | Dias zum Text: Schafstall, Hirte, ausziehende Schafherde. |
| 11,1(2)3.17–27(41–45) | Konfirmandenbeiträge (im Blick auf V 25f): »Was auf Grabsteinen (außer Namen und Zahlen) zu lesen ist« (Sammlung aufgrund eigener Erkundung des örtlichen Friedhofs). |
| 13,1–15 (34–35) | Rollenlesung: Erzähler, Simon Petrus, Jesus. |
| 14,1–6 | Konfirmandenbeiträge (im Blick auf V 6): »Zu Gott kommen – Wie? Durch wen?« |
| 15,1–8 | Dias zum Text: Rebe, Trauben, Beschneiden der Reben, Verbrennen abgeschnittener Rebzweige. |
| 15,26–16,4 | Bebilderter Lebenslauf eines Märtyrers als Teil der Predigt (wegen 16,2!). |
| 19,16–30 | Abschnittslesung: V 16–18, V 19–22, V 23–24, V 25–27, V 28–30. |
| 21,15–19 | Rollenlesung: Erzähler, Jesus, Simon Petrus. |

**Apostelgeschichte**

| | |
|---|---|
| 2,41a.42–47 | Konfirmandenbeiträge: »Woran man Christen erkennt«. |
| 8,26–39 | Rollenlesung: Erzähler, Stimme (des Geistes), Philippus, Kämmerer, Zitator der Schriftstelle (V 32–33). |
| 15,1–12 | Konfirmandenbeiträge: »Worüber heute in der Kirche gestritten werden sollte, weil es wichtig ist.« |
| 17,22–28a(28b–34) | Konfirmandenbeiträge: »Wer wird hier bei uns verehrt? Was in unserer Stadt/unserem Dorf darauf hinweist; woran einer, der neu zu uns kommt, um zu missionieren, anknüpfen könnte« (Sammlung aufgrund einer Erkundung der öffentlich zugänglichen religiösen Aussagen, die sich in und an Gebäuden und Anlagen usw. finden lassen). |

**Römer**

| | |
|---|---|
| 5,1–5(6–11) | Konfirmandenbeiträge: »Wo brauchen wir Geduld? Wer braucht mit uns Geduld?« |
| 7,14–25a | Konfirmandenbeiträge: »Etwas Gutes wollen und etwas Gutes dann auch tun – Wo haben wir bei anderen und uns |

schon erlebt, daß etwas Gutes zwar gewollt, aber nicht getan wurde?«

11,25–32 Konfirmandenbeiträge: »Was wir über das Volk Israel (und seine Vorfahren im Alten Testament) wissen und wie wir über Juden denken.«

12,(4–8)9–16 Konfirmandenbeiträge: Die Sätze des Paulus in eine Sprache übertragen, die Jugendliche unserer Zeit anspricht.

15,4–13 Konfirmandenbeiträge: »Warum es uns manchmal schwerfällt, andere Menschen so anzunehmen, wie sie sind.«

**1 Korinther**

3,9–15 Dias zur Predigt: Ackerfeld, Arbeiten am Bau eines großen Gebäudes, Fundamentierung.

9,24–27 Dias zur Predigt: Antike Kampfbahn, Sieges(Lorbeer-) Kranz, Boxkämpfer.

**Epheser**

2,17–22 Konfirmandenbeiträge (im Blick auf V 19): »Gäste und Fremde – wie man sich fühlt, wenn man irgendwo fremd ist oder nur Gast; wo der Unterschied liegt zu einem, der voll zur Familie dazugehört.«

4,22–32 Konfirmandenbeiträge: Die Sätze des Paulus in eine Sprache übertragen, die heutige Jugendliche anspricht.

**1 Timotheus**

4,4–5 Konfirmandenbeiträge (nachdem eine kleine Sammlung verschiedener Tischgebete zur Auswahl vorgelegt wurde): »Welches Tischgebet paßt am besten? Begründung der Wahl.«

**Hebräer**

10,(19–22)23–25 Konfirmandenbeiträge (im Blick auf V 25): »Warum manche Leute nur selten zur Kirche gehen.«

**Jakobus**

5,13–16 Gemeindegesang als Teil der Predigt:
Erster Teil der Predigt (über V 13), EKG 197,1–3;
zweiter Teil der Predigt (V 14–15), EKG 197,4–5;
dritter Teil der Predigt (über V 16) EKG 197,8.

**Offenbarung**

7,9–12(13–17) Gemeindegesang als Teil der Predigt: Einzelne Strophen bekannter Weihnachtslieder.

21,1–7 Konfirmandenbeiträge (im Blick auf V 4): »Tränen, Leiden und Schreien nach Hilfe in unserer Welt.«

# Verzeichnis zitierter und erwähnter Autoren